WELT
KRÄUTER
KÜCHE

33
EXOTISCHE KRÄUTER
in Garten und Küche

av BUCH

IMPRESSUM

avBUCH im Cadmos Verlag
Copyright © 2015 by Cadmos Verlag, Schwarzenbek
Layout, Satz und Bildreproduktion: www.ravenstein2.de
Coverfoto und Foodfotografie: Carsten Heitmann
Kräuterfotos und Fotos im Innenteil: Nicola van Ravenstein
Lektorat: Anja Flehmig

Druck und Bindung: Westermann Druck, Zwickau

Deutsche Nationalbibliothek – CIP-Einheitsaufnahme
Die Deutsche Nationalbibliothek verzeichnet diese Publikation in der Deutschen
Nationalbibliographie; detaillierte bibliografische Daten sind im Internet über
http://dnd.ddb.de abrufbar.

ISBN: 978-3-8404-7043-1

WELT KRÄUTER KÜCHE

Die eigene Ernte

Ich koche gern. Ich genieße gern, ich liebe Kräuter und das Beim-Wachsen-Zuschauen.

Es ist diese Verbindung von Küche und Garten, die mich immer schon begeistert hat. Da kommt so vieles zusammen: Ich habe selbst etwas angebaut und gehegt und gepflegt, selbst geerntet; das gibt mir tiefe innere Befriedigung.

Ich weiß, dass kein Gift gespritzt wurde. Ich trage meine ganze Liebe, die ich dem Anbau meiner aromareichen Pflanzen gegeben habe, bei der Ernte mit in die Küche und von dort aus auf den Teller. Mutter Erde ernährt mich.

Ich erinnere mich noch genau an die Ernte meines ersten Kopfsalats. Wochenlang gegossen, Schnecken abgesammelt, jeden Tag gesehen wie ein Blatt nach dem anderen wächst, wann die Kopfbildung einsetzt. Jetzt ist er reif für die Ernte! Mit dem Messer in den Garten. Salatsoße schon fertig. Und dann der erste Bissen im Mund. So ein Genuss. All die Liebe, die ich in die Pflege gesteckt hatte, kam mit einem Mal zu mir zurück, fantastisch!

Und immer noch macht mich jede Ernte stolz und glücklich, richtet mich auf, macht mich wacher und sinnlicher für das, was ich da vor mir auf dem Teller genießen will, auch wenn es nur ein paar Blättchen Basilikum sind.

Wie am besten ernten?

Eine einzige Grundregel gebe ich Ihnen: Ernten Sie immer ganze Zweige oder Triebspitzen. Am besten in einer Länge von fünf bis zehn Zentimetern, je nach Sorte. Dadurch werden sich die Pflanzen verzweigen und wieder viele neue Blätter hervorbringen. Der Wuchs wird kompakter und die Blüte wird verhindert.

Pflanzen brauchen „Futter" (Düngung)

Sie werden feststellen, dass ich sehr oft in meinen Beschreibungen auf eine ausreichende Düngung hinweise. Aus eigener Erfahrung und Gesprächen mit vielen Kunden weiß ich, dass ich gar nicht genug davon reden kann.

Ich erinnere mich noch an eine Dame, die mich fragte: „Warum wachsen meine Kräuter nicht?" Meine Gegenfragen wurden brav beantwortet: „Haben Sie genügend gedüngt?" – „Ja, werden regelmäßig flüssig gedüngt." – „Genügend Sonne?" – „Ja". – „Ausreichend Wasser und Wärme?" – „Ja". – Erst am Ende des Gesprächs kam wie nebenbei heraus, dass sie die Pflanzen seit drei Jahren in den kleinen Staudentöpfchen belassen hatte. Kein Wunder, so kann sich kein Kraut richtig entwickeln.

Vielleicht müssen Sie auch erst einmal mit ein paar Vorurteilen aufräumen. Dünger sind kein chemisches Gift. Es ist etwas anderes, wenn Sie chemische Substanzen zur Schädlingsbekämpfung einsetzen oder Ihre Pflanzen mit Mineral- oder Flüssigdünger ernähren.

Im Dünger sind erst mal nur die Substanzen enthalten, die eine Pflanze sonst mit ihren Wurzeln aus dem Boden holt und die sie zum Leben braucht. Und dann kann man sich weiter darüber unterhalten, ob denn organischer oder biologischer Dünger oder ein mineralischer, also künstlich hergestellter Dünger verwendet werden soll. Denn Nährstoffe brauchen alle Pflanzen. Und ganz besonders die, von denen wir auch regelmäßig ernten möchten. Hier ein paar Faustregeln:

1) Je schneller es wächst, desto mehr Futter braucht es.
2) Kräuter in Töpfen brauchen öfter Nachdüngung.
3) Im Frühling und Sommer brauchen die Pflanzen viel mehr Futter als in der lichtarmen Jahreshälfte.

Haben Sie schon einmal von Nahrungskonkurrenz gehört? – Zu eng gepflanzte Kräuter klauen sich über die Wurzeln gegenseitig Wasser und Nährstoffe. Das verstärkt sich noch, wenn ein „Vielfraß" neben einer zarter gebauten Pflanze wächst.

Pflanzen verändern sich ständig, und das ist gut so. Aber wie soll man das alles in den Griff bekommen?

Durch Beobachten. Schärfen Sie Ihre Sinne durch Beobachten: Der Zustand Ihrer Pflanzen, das Wetter, die Tageszeit, alles fließt mit ein. Der Garten und die Natur sind ein ideales Gebiet, um unsere Wahrnehmungsfähigkeit zu erweitern. Und das wiederum verstärkt unsere Genussfähigkeit.

Ein Kräutermythos

Viele denken, das Aroma würde leiden, wenn man Kräuter düngen würde. Was ist daran wahr? Das Aroma leidet, wenn zu viel gedüngt wurde. Aber was ist daran nicht wahr? Die meisten Kräuter entwickeln bei zu magerer Haltung viel weniger Aroma. Das Problem ist meist die Unterversorgung mit Nährstoffen. Sie können das bei Basilikum leicht selbst überprüfen. Stellen Sie zwei Töpfe nebeneinander. Der eine wird gedüngt, der andere nicht. Den Unterschied werden Sie sicher schon nach drei Wochen bemerken.

Beim Thymian macht es einen ganz großen Unterschied, ob wir ihn im Topf ziehen oder ob er im Garten ausgepflanzt wachsen darf. Im Garten kommt Thymian tatsächlich oft mit einer wenig gedüngten Erde aus. Denn hier kann er seine Wurzeln überall hin ausstrecken, anders als im Topf.

Womit düngen?

Wenn es irgend geht, verwenden Sie bitte organischen Dünger, dieser baut Humus auf, stärkt das Bodenleben, ist ökologisch wertvoll und stärkt die Pflanzen von innen. In Töpfen funktio-

niert es leider nicht immer, da ist ein organischer Flüssigdünger besser. Aber auch ein mineralischer, also chemisch hergestellter Dünger ist in Ordnung, wenn sonst keiner zur Verfügung steht. Nicht düngen geht gar nicht!

Im Garten würde ich immer selbst hergestellten Kompost verwenden, das ist das Beste, was es gibt. Wenn der nicht vorhanden ist, empfehle ich, in die oberste Bodenschicht im Frühjahr und im Herbst einen organischen Streudünger einzuharken. Neuerdings gibt es für diejenigen, die ganz auf Nahrung von Tieren verzichten wollen, auch einen veganen Dünger, der ohne tierische Substanzen auskommt.

Woran erkenne ich Düngermangel?

Meist ist es Stickstoff, der den Pflanzen als Erstes fehlt. Das sieht man oft daran, dass

1) die Blätter nicht mehr so schön grün sind, sondern gelblich werden,
2) das Wachstum nachlässt, obwohl es warm und sonnig ist,
3) die Blätter spröde und zäh werden,
4) neue Blätter ausgewachsen kleiner bleiben.

Überwinterung

Manche Pflanzen sind supereinfach zu überwintern. Sie werden aber bemerken, dass ich, scheinbar rücksichtslos, in diesem Buch auch viele Pflanzen beschreibe, die nicht gerade leicht zu überwintern sind. Hier wäge ich immer ab. Einige Kräuter haben durch ihr extrem verführerisches Aroma einen so hohen Wert, dass ich glaube, es lohnt sich.

Insgesamt dürfen wir Kräuter nicht vergleichen mit Zimmerpflanzen, die ausgewählt und gezüchtet wurden, um bei wenig Licht und trockener Luft am Zimmerfenster auch nach einem langen Winter noch eine gute Figur zu machen. Auch ist die Wachstumsdynamik bei Kräutern eine ganz andere. Das heißt, sie wachsen um ein Vielfaches schneller. Alles, was schnell wächst, braucht viel Licht, nicht nur Dünger, und im Winter haben wir hier sehr wenig Licht.

Vielleicht ist es für Sie tröstlich zu wissen: Manch heimisches Kraut lässt sich gar nicht auf der Fensterbank über den Winter bringen, wie etwa Petersilie oder Schnittlauch. Diese Pflanzen brauchen geradezu den Winter als Ruhezeit. Wenn sie die nicht bekommen, gehen sie ein.

Dagegen können wir so manch tropischen Verwandten, wie den Zimmerknoblauch oder Jamaika-Thymian, an einem Südfenster problemlos über den Winter bringen. Wenn etwas nicht frostfest ist, heißt es also noch lange nicht, dass es schwierig zu ziehen wäre. Am Ende eines Winters kann es sein, dass viele am Fenster überwinterte Kräuter richtig hässlich aussehen. Was dann hilft, ist ein radikaler Rückschnitt, und sicherheitshalber machen Sie aus den abgeschnittenen Trieben gleich ein paar Stecklinge. Die neuen und die gekürzten Pflanzen wachsen in der Frühlingssonne wieder viel kompakter und harmonischer nach.

Kräuter vermehren

Die Vermehrung von Pflanzen gehört für mich zur gärtnerischen Königsdisziplin. Es ist ein bisschen wie göttliche Magie, wenn wir sehen, wie aus einer Pflanze durch Stecklinge gleich zehn neue, vollständige Pflanzen werden. Oder aus winzigen Samenkörnern nach kurzer Zeit große Pflanzen werden. In meiner Gärtnerei heißt der Vermehrungsplan deswegen „Schöpfungsplan".

Enttäuschungen vermeiden

Rechnen Sie immer damit, dass mal einige Pflanzen eingehen, dass eine Aussaat nicht gelingt, aus welchen Gründen auch immer. Sie würden ja nicht den Musikunterricht hinschmeißen, nur weil Sie mal drei falsche Töne spielen. In der Natur sterben auch ständig Pflanzen aus unterschiedlichsten Gründen. So weit zur inneren Einstellung. Ein gutes Mittel, um dem Verlustfrust zu entgehen, ist es, sich von jedem Exemplar gleich mehrere anzuschaffen, das kostet nicht die Welt. Bei der Vermehrung machen Sie bitte nicht nur einen Steckling, sondern am besten gleich zehn. Dann ist die Wahrscheinlichkeit eines Totalausfalls wesentlich geringer.

Schönheit der Vielfalt

Das Schöne am eigenen Anbau und der weiteren Verwendung an Essbarem ist, dass es nie gleich schmeckt. So wie man bei guten Weinen die Lage, den Jahrgang und den Erntezeitpunkt herausschmeckt, gibt es auch bei Kräutern große Unterschiede. Eine Minze schmeckt eben ganz anders, je nachdem, ob sie geerntet wird, wenn es gerade sonnig war oder wenn es vorher tagelang geregnet hat, ob wir sie während oder nach der Blüte ernten, ob es Frühsommer ist oder Herbst.

Kräuter sind jeden Tag ein bisschen anders. Und das macht jedes Essen damit auch zu einem einmaligen Erlebnis.

Weitere Variationen bekommen wir durch verschiedenste Sorten einer Art. Bei Minzen allein gibt es vermutlich Hunderte. Haben Sie erst einmal zwei verschiedene Minzen, werden Sie schnell den Unterschied der Aromen wahrnehmen. Im Vergleich werden Sie versuchen, die Unterschiede zu benennen, und damit bewusster wahrnehmen. Glauben Sie mir: Die Nase ist ein bildungsfähiges Organ, genauso wie das musikalische Gehör.

DANKE

Als Erstes möchte ich meiner Frau Patricia danken, die den Titel **WELT KRÄUTER KÜCHE** erfand, der für mich so sehr treffend das Thema dieses Buches ausdrückt.

Dann Silke (Rosi) Rogosik für das Bereitstellen der Kräuter, Rosa Wagner für ihre gekonnte Pflanzung verschiedener Kräuter in größere Gefäße, und ein Dank auch an das gesamte Team der Gärtnerei, das sich jeden Tag um das Wohlergehen aller Kräuter kümmert.

ÜBER GÄRTNERNDE KÖCHE,
DEKOWAHN, DEN PAPST UND DAS KOCHEN MIT KRÄUTERN

Rosa Blüte als roter Faden

Der Knoblauchwein mit seiner Blüte ist ein gutes Beispiel, um einen roten Faden zu erklären, der sich durch dieses Buch zieht: Wir Köche sind immer auf der Suche nach neuen dekorativen Elementen, mit denen wir unsere Teller schnell schöner machen können – bedienen können wir uns hier reichlich in der Natur, aber auch der Handel ist voll von essbaren Blüten, kleinen bunten Kressesorten und, und, und. Leider bleibt dabei oft vor lauter Dekowahn der Geschmack auf der Strecke: Hauptsache, es sieht todschick aus; dass es aber nebenbei wie ein „Knüppel auf'n Kopp" schmeckt, wird nebensächlich.

In **WELT KRÄUTER KÜCHE** gibt es nicht eine vorgestellte Pflanze, die einfach nur dekorativ ist und nicht schmeckt.

Die filigrane Knoblauchweinblüte vermag von ihrer Optik her jedes substanziell plumpe Gericht aufzuwerten: Nehmen wir als Beispiel einen zünftigen Teller norddeutschen Grünkohl oder fettiges Knipp (Hackgrütze), oder, um ein süddeutsches Gericht zu nennen, eine Schweinshaxe, belege diese Speisen mit mehreren Knoblauchweinblüten, und schon bekommt der rustikale Teller eine zarte Anmutung, etwas Filigranes, sogar einen Hauch Japan. Das können andere Optikbomben von Blüten auch. *Aber*: Die Knoblauchweinblüte schmeckt so dermaßen gut – fein nach Knoblauch, ohne, dass man eine „Fahne" davon bekommt. Damit ist sie vielfältig bei quasi allen pikanten Gerichten einsetzbar.

Ohne seinen Geschmack wäre der Knoblauchwein nicht in dieses Buch gekommen, der Leser wird vergeblich nach „Deko um der Deko willen" suchen.

Anderes Beispiel: *Ohne* die Knoblauchweinblüte sähe man auf dem Foto auf Seite 58 nur einen Cracker mit Frischkäse. Erst durch die Blüte erlangt der kleine Keks mit Aufstrich eine fast anrührende Schönheit und, ganz nebenbei, Einzigartigkeit. Bei allen hier vorgestellten Gerichten bewirkt der Einsatz des jeweiligen Krauts eine drastische Veränderung des Aussehens und/oder Geschmacks.

Teilweise Altbekanntes wie traditioneller Tafelspitz, Kohlroulade, Risotto und Eiersalat bekommen durch die eingesetzten Kräuter neue, teils verblüffende oder spektakuläre, teils schöne oder intensive neue Aspekte.

Durch eine einzige kleine Zutat vermag der Hobbykoch etwas völlig Neues entstehen zu lassen – und diese eine Zutat hat er selbst kultiviert – in seinem Garten oder auf der Fensterbank.

Schwein im Garten

Ich bin ein mieser Gärtner. Trotzdem genieße ich es sehr, mich aus unserem privaten Kräuterbeet zu Hause zu bedienen und unserem Essen daheim einen knackfrischen, charaktervollen und individuellen Akzent zu geben.

Angesichts sich häufender Lebensmittelskandale, Industrienahrung, Allergien wird die Sehnsucht nach natürlich erzeugten Lebensmitteln allerorts größer. Aber wer kann schon alles selbst erzeugen? Den wenigsten ist es vergönnt, die Utopie des Selbstversorgers komplett zu durchleben.

Unser Beet spiegelt für mich diese Sehnsucht wider, alles daraus schmeckt so viel besser. Wenn man doch noch mehr Produkte auf diesem Weg bekommen könnte ... Ein Schwein im Garten zu halten wäre ein erheblich höherer Aufwand als ein paar Kräuter zu ziehen – die brauchen eigentlich nur einen Platz im Garten, auf der Fensterbank oder einen kleinen Balkonkasten. Das kann praktisch jeder, und schon bekommt man sein „Ernte-Feeling".

Speed-Dating mit 33 Fremden

Am Anfang war die Frau. Mal wieder. Meine nämlich. Anfang Juli dieses Jahres überraschte mich Nicola van Ravenstein überfallartig mit einem Buchprojekt: „Du machst ein Kochbuch. Und zwar im August. Und zwar mit Daniel Rühlemann!" – „Ach so? In vier Wochen? Nur mit Kräutern?" – „Genau." Um das einmal festzuhalten: Die Idee und die Geschwindigkeit der Umsetzung für **WELT KRÄUTER KÜCHE** ist allein meiner Nico zu verdanken. Daniel und ich hätten wahrscheinlich erst mal einen Fünf-Jahres-Masterplan aufgestellt …

Nachdem klar war, dass wir beide das Buchprojekt angehen, haben Daniel und ich es uns zur ersten Aufgabe gemacht, dass jeder eine Liste mit 33 Kräutern erstellt, die in dem Buch vorkommen sollen. Okay. Habe mich brav hingesetzt und solche spektakulären, revolutionär neuen Dinge hingeschrieben wie „Thymian". Oder „Rosmarin". (Dafür hatte ich nämlich sogar schon Rezepte!)

Meine Liste kam gar nicht gut an. Nicola und Daniel haben sie mir um die Ohren gehauen, Daniel mit den Worten: „Wolfgang, weißt du eigentlich, wie viele beliebig austauschbare Kräuter-(Koch-)Bücher es auf dem Markt gibt? Nein, wir müssen etwas ganz anderes machen." Dann gab er mir seine Liste – und ich stand da wie der Ochs vorm Berg, kannte quasi gar nichts.

Also musste ich mich durchprobieren. Und so ging es mit einem ganzen Baguette unterm Arm nach Horstedt zum Kräuter-Speed-Dating: drei Stunden lang immer Daniel hinterher, kreuz und quer durch die Gärtnerei, schnuppern, beißen, denken, notieren, manchmal: Rezeptidee. Baguette zum Neutralisieren zwischendurch. Nach drei Stunden war ich fix und alle. So viele (intensive) Eindrücke, Geschmäcke, Informationen, Ideen …

Das Ganze wurde abgewandelt noch zweimal wiederholt, dann stand die Auswahl fest, die jetzt hier im Buch vorliegt und Sie sicher genauso begeistern wird wie mich.

Durch die Arbeit an dem Buch habe ich nebenbei eine Fortbildung erhalten. Denn Daniel hat mir so viele neue interessante, begeisternde und schöne Geschmackstürchen aufgestoßen, mit denen ich niemals gerechnet hätte.

Daniel

… kenne ich seit 23 Jahren. Oder besser gesagt: Die Kräutergärtnerei „Rühlemanns"' ist mir seit Beginn meiner Selbstständigkeit in Verden ein Begriff. Denn als wir 1992 das Restaurant eröffnet haben, gab es in der Presse und im Fernsehen die ersten bundesweiten Veröffentlichungen über die Gärtnerei, die mich sofort nach Horstedt haben pilgern lassen – der Koch auf der Jagd nach dem besonderen regionalen Produkt.

Jahr für Jahr habe ich Fünfer-Grüppchen von für mich attraktiven, besonderen Kräutern angepflanzt – leider ohne den erhofften Erfolg, eine größere Anzahl unserer Gäste damit beglücken zu können, denn: Erstens liegt der Restaurantgarten im Vollschatten, zweitens brauchte ich Riesenflächen für *ein* Kraut, wenn ich es für einen Monat auf die Speisekarte setzen würde, und drittens bin ich Koch und kein Gärtner – das heißt, dass mein Geschmackssinn wohl ausgeprägter als mein Daumen grün ist.

All die Jahre konnten wir also nur hier und da mal einen Gast verwöhnen und überraschen, zum Beispiel mit dem Erlebnis, auf ein Blättchen Austernpflanze zu beißen. Was man für kraftvolle, überraschende, optisch entzückende, manchmal rührende Akzente mit Daniels besonderen kleinen Pflanzen setzen kann, ist mir vom ersten Jahr an bewusst gewesen.

Und Daniel selbst habe ich in all den Jahren gar nicht weiter kennengelernt – wir wussten, wer der andere war, wenn wir uns bei meinen Einkäufen in der Gärtnerei über den Weg gelaufen sind, so nach dem Motto: „Hi, Gärtner." – „Hi, Koch."

Aber vor zwei Jahren saß Daniel zum Essen in unserem Restaurantgarten, bewaffnet mit einer kleinen Auswahl aktueller, neuer Pflanzen und mit der Idee: „Hey, Wolfgang, lass uns doch mal was zusammen machen!" Weil der gute Mann in der kleinen Kiste ein paar Dinge bereithielt, die mich vollends verblüfft haben, sind aus dieser Begegnung mehrere Kochkurse entstanden, die wir zusammen hier im Restaurant gegeben haben. Bei der Planung dieser Kochkurse habe ich den Menschen Daniel Rühlemann etwas näher kennengelernt.

In der öffentlichen Wahrnehmung ist er ja *der* Kräuterpapst, der Jahr für Jahr neue Pflänzchen aus allen Ecken des Globusses anschleppt und in Deutschland erlebbar macht. Jemand, der in seinem Katalog eine besondere, begeisterte, manchmal liebevolle Sprache findet, wenn er über seine Entdeckungen berichtet. Und: Ein äußerst erfolgreicher Unternehmer ist dieser Daniel Rühlemann – wenn man die Anfänge mit einem alten kleinen Gewächshaus in Horstedt miterlebt hat und die Riesengärtnerei mit seinen über 1 000 Pflanzen heute sieht und hört, dass dort in der Hauptsaison x Mitarbeiter bis zu 3 000 Pakete pro Woche packen … So viel zur Außenwirkung.

Papst wird Kind

Für die Vorbereitung des ersten Kräuterkochkurses hat Daniel mich durch seine Gärtnerei geführt, um mir Anregungen für die zu kochenden Gerichte zu verschaffen. Dabei kam ich aus dem Staunen nicht mehr heraus – einerseits die mir neuen, unbekannten Pflanzen, wie oben beschrieben – kraftvoll, schön, entzückend ... Aber noch verblüffender war für mich der Mann, der sie mir präsentierte: „Kennst du das, Wolfgang?" – „Nein, Daniel, natürlich nicht, sieht aber schon mal toll aus." – „Na dann probier doch mal!" Ich glaube, je mehr sich meine Augen bei dem neuen Geschmackserlebnis weiteten, desto höher gingen Daniels Mundwinkel nach oben. Da steht dieser „Kräuterpapst" vor mir und grinst bis an die Ohrläppchen, wie ein kleiner Junge im Spielzeugwarenladen, lausbübisch, auch stolz und mit kindischer Euphorie. Weil er sieht, was sein kleines Baby, das er so gut kennt und das er vielleicht vor Jahren im hintersten Winkel Australiens oder an einem Teich in den Wümme-Niederungen entdeckt hat, für eine Wirkung ausübt. Mit Begriffen wie „Leidenschaft" und „Liebe" bin ich vorsichtig, sie geben einer Aussage schnell etwas Abgelutschtes, Schmalzkuchenhaftes. Aber Daniels Begeisterung war für mich unfassbar: Wer es schafft, sich nach 25 Jahren Selbstständigkeit so eine Freude an seinem Beruf zu erhalten, der ist doch beneidenswert.

Durch die Arbeit an diesem Buch sind wir uns nähergekommen. Wenn Daniel über eine Pflanze spricht, die ich gerade schätzen gelernt habe, überträgt sich seine Begeisterung durch Worte, Ausdruck und Gesten auf mich. Und das ist in meinen Augen der Kern: Die Pflanzenbeschreibungen in seinem dicken Katalog sind *nicht* in erster Linie als Marketingstrategie für den kommerziellen Erfolg erdacht, nein, sie sind deswegen so gut, weil sie schlicht Daniels Begeisterung eins zu eins widerspiegeln. Ich hätte große Zweifel an der Wahrheit, wenn jemand vor mir stünde mit der Aussage: „Der Erfolg ist mir eigentlich ziemlich egal, der ist so nebenbei gekommen, mir geht es um die Pflanzen, sie zu suchen, zu entdecken, zu kultivieren, mich an ihnen zu freuen." Daniel glaube ich das.

Vom Kochen mit Kräutern und zum Umgang mit den Rezepten

• Salbei und Rosmarin sind *roh* fast ungenießbar (außer wenn ihr Geschmack zum Beispiel in Kräuterbutter verdünnt wird).
• Petersilie und Thymian schmecken, wenn man sie lange mit-

kocht, nach: nichts! Denn die schnell flüchtigen ätherischen Öle der Kräuter sind unterschiedlich intensiv und können daher nicht alle gleichbehandelt werden.

Entscheidend beim Kochen mit Kräutern ist der *Zeitpunkt*, an dem man sie zusetzt, welcher Hitze/Temperatur man sie aussetzt und wie lange man sie in dieser Hitze/Temperatur belässt. Ich habe mich bemüht, bei den Rezepten den Zeitpunkt, zu dem das jeweilige Kraut zugesetzt wird, genau zu definieren.

Die ätherischen Öle werden jedoch schon vor der Hitzeeinwirkung – nämlich beim Zerkleinern – freigesetzt, und somit gilt die eine Regel grundsätzlich: So spät hacken, schneiden, mörsern wie nur irgend möglich.

Ich wünsche Ihnen viele neue Entdeckungen und viel Spaß mit Daniels schönen Kräutern in den Rezepten.

Alle Rezepte sind für vier Personen, wenn nicht anders angegeben.

DANKE

Ich möchte meiner Frau Nico danken. Denn du hast es geschafft, sämtliche Bedenken beiseitezuräumen und den Gärtner Daniel sowie den Koch Wolfgang für dieses Buch und auch füreinander zu begeistern.

Danken möchte ich ausdrücklich meinem tollen Team in Verden, ohne dessen Unterstützung das Buch nicht entstanden wäre. Marcus Struwe für seine logistische Meisterleistung beim Food-Fotoshooting und Kathi Eden, die mich während der Produktion vor Umwelteinwirkungen beschützt hat.

INTERVIEW MIT DEN AUTOREN

Daniel, wie bist du darauf gekommen, bei dir in der Gärtnerei so viele Sorten von Kräutern zu kultivieren, die du weltweit gefunden und zusammengetragen hast?

Daniel: Also, irgendwann bin ich drauf gekommen, dass es eben mehr als das Standardsortiment gibt: weil, ein Freund hat mir mal eine ganz besondere Melisse geschenkt – die „Weiße Melisse". Das war keine Pflanze, die ich kannte, und auch Kräuterbücher haben mir da nicht weitergeholfen. Es hat sehr lange gedauert, überhaupt rauszufinden, was das für eine Pflanze ist, auch botanisch gesehen. Herausgekommen ist, dass es eine eigene Zitronenmelisse ist, die viel besser schmeckt als normale Zitronenmelisse und sich besser trocknen lässt. In dieser Gegend, in der Nähe von Graz, ist diese Pflanze unter Einheimischen aber bekannt und wird dort von Generation zu Generation weitergegeben. Das war so ein Schlüsselerlebnis, wo ich mir gesagt habe: „Mensch, da gibt's bestimmt – auch bei anderen Kräutern – viele Varianten, die überhaupt nicht bekannt, aber vielleicht total spannend sind."

Und dann bist du auf die Suche gegangen?

Daniel: Genau. Das hat mein, wie soll ich sagen, mein Suchgen aktiviert. Das mache ich ja bis heute, dass ich immer wieder irgendwelche Kräuter aufspüre, so ganz mühelos. Es ist mehr ein Finden. Und das ist bis heute so.

Hast du eine Erklärung dafür, warum das, was wir heute als Standard im Kräutersortiment haben, so begrenzt ist im Vergleich zum Sortiment in deiner Gärtnerei?

Daniel: Na ja, das sind ja ganz praktische Gesichtspunkte. Wenn man nur eine Sorte Basilikum hat und ein ganzes Gewächshaus damit vollstellt, dann ist das geringer von den Produktionskosten her und auch die Vermarktung ist einfacher, als wenn man so eine Vielfalt anbietet. Vielfalt ist immer was für Spezialisten. Und ich bin da Spezialist.

Wolfgang, was sagst du dazu? Vielfalt, in puncto Geschmack?

Wolfgang: Ich kann das gern an dem Basilikum festmachen, das ich bei Daniel in der Gärtnerei kennengelernt habe.

> Seite 44

SUPPEN & VORSPEISEN

MEERFENCHEL

Duftet wie eine frische Meeresbrise – sobald man Blätter und Stängel anschneidet.

Das Aroma ist eigentlich schwer zu beschreiben. Es hat etwas sehr Eigenes, für mich Zitronig-Sellerieartiges, aber eben doch ganz anders. Und trotz des fremdartigen Geschmacks gewöhnt man sich sehr schnell daran. Das knackige Kraut passt sehr gut auf Lachsbrötchen. In Kräuterquark und Salaten kann es den Dill ersetzen.

Die maritimen Vertreter unter den Kräutern haben ja eines gemeinsam: fleischige, zarte, zuweilen leicht salzige Blätter. Das macht sie so interessant für die Küche.

Meerfenchel wächst wild an den Küsten Englands. Das Verbreitungsgebiet erstreckt sich sogar bis an die Küsten des Mittelmeers. So kennt man denn auch den Meerfenchel nicht nur in der britischen, sondern auch in der spanischen, portugiesischen, griechischen und italienischen Küche. Hier findet Meerfenchel hauptsächlich als Würze für Fischgerichte Verwendung. Unter dem Namen „Perejil marino" (übersetzt: Meerpetersilie) kennt man das Kraut zum Beispiel an der Küste Kataloniens. Besonders Oliven werden dort mit frisch-würzigem Meerfenchelkraut mariniert.

In London war Meerfenchel noch vor 150 Jahren so begehrt, dass die Wildbestände an den englischen Küsten nicht mehr ausreichten, um den Bedarf zu decken. Heute weiß man, dass Meerfenchel sehr viel Vitamin C enthält. Damals haben es die Seeleute eingelegt wie Sauerkraut und mit auf die Reise genommen, damit ihnen nicht die Zähne ausfallen. Es war aber auch – zumindest zur viktorianischen Zeit in England – ein beliebtes Gemüse und Frischkraut bei der Landbevölkerung.

Im Garten braucht er einen richtig guten Boden und etwas Winterschutz mit Reisig. Da der Meerfenchel mit seinem Vorkommen vom kalten Schottland bis ans warme Mittelmeer viele Ausprägungen hat, unterscheiden sich die verschiedenen Meerfenchel oft erheblich – im Aroma, aber vor allem in der Winterhärte. Unsere Pflanzen, die wir seit Jahrzehnten in der Gärtnerei kultivieren, stammen aus Schottland.

Ich finde aber beim Meerfenchel die Topfkultur viel besser. Sie hat den Vorteil, dass man praktisch das ganze Jahr über die knackig würzigen Blätter und Stängel ernten kann. Im Winter sind sie dann sogar besonders zart. Allerdings sollten Sie wegen des wenigen Sonnenscheins, den wir in unseren Breiten haben, der Pflanze im Winter einen eher kühlen Platz geben. Je wärmer, desto dünner wird der Austrieb. Die Pflanze wird nicht sehr groß und bleibt bei regelmäßiger Ernte der Spitzen schön buschig. Wollen Sie viele der fleischigen, aromatischen Blätter ernten, sollten die Blüten herausgeschnitten werden. Genau wie die Blätter sind auch die Stängel hier saftig, zart und voller Geschmack. Auch gelegentliche Flüssigdüngergaben fördern Wuchs, Geschmack und Zartheit des Ernteguts.

Die Vermehrung gelingt leicht durch Teilung im Frühjahr, vor allem wenn die Mutterpflanzen schon frühzeitig ein paar Zentimeter tiefer gepflanzt wurden, als sie standen. Auch Stecklinge oder Aussaat funktionieren, aber es dauert ziemlich lange, bis erntefähige Pflanzen entstehen.

STECKBRIEF

Botanischer Name:
Crithmum maritimum
Pflanzenfamilie:
**Doldenblütler
(Apiaceae)**
Herkunft:
**Küsten Englands und
der Mittelmeerländer**
Wuchsform:
Sukkulenter Halbstrauch
Kulturansprüche:
**Winterhart mit Schutz,
kalkliebend**
Verwendete Pflanzenteile:
Blätter, Stängel
Vermehrung:
**Teilung, Stecklinge,
Aussaat**

GEEISTE
KARTOFFEL-FENCHEL-SUPPE
MIT **MEERFENCHEL**, GEBEIZTEM ANISLACHS & CHILIÖL

Zutaten
Anislachs
1 Mittelstück von einer Lachsseite ohne Haut vom Biolachs

Beize
15 g Pökelsalz (vom Metzger), 60 g Meersalz, 75 g Zucker, ½ Bund Kerbel, geriebene Schale von 1 Limone, 3 Sternanis, 1 kleiner Bund Meerfenchel und 1 Spritzer Pernod – alles zusammen im Mixer grob gemixt

Kartoffel-Fenchel-Suppe
300 g Fenchel, geputzt und fein geschnitten, das Fenchelgrün aufbewahrt
80 g Kartoffeln, geschält und fein geschnitten
2 EL Zwiebelwürfel
Hochwertiges Olivenöl
1 Spritzer Pernod
1 Spritzer Weißwein
200 ml Hühnerbrühe oder Wasser mit 1 TL gekörnter Biobrühe
50 g Crème fraîche
Piment d'Espelette

Chili-Safran-Öl
1 kleine Chilischote, nicht zu scharf!
200 ml hochwertiges Olivenöl
1 g Safranfäden
Meersalz
½ TL Rosenpaprika
½ TL Pimentón de la Vera

Garnitur
Klein gezupfter Meerfenchel
Piment d'Espelette, Fenchelgrün, Basilikumspitzen, ofengetrocknete Tomatenviertel

Zubereitung Anislachs
Zwei Tage vor dem Essen die Lachsseite mit den Beize-Zutaten belegen und kalt stellen. Am Tage des Essens Beize abschaben und beliebig viele dicke Tranchen (keine dünnen Scheibchen!) herunterschneiden, eventuell leicht nachsalzen und abgedeckt kalt stellen. Gekühlt ist das Filet jetzt eine Woche haltbar.

Zubereitung Kartoffel-Fenchel-Suppe
Für die kalte Suppe Zwiebeln, Kartoffeln und Fenchel in Olivenöl anschwitzen, leicht salzen, mit Pernod und Weißwein ablöschen und einkochen.
Mit Brühe auffüllen, aufkochen und leicht köchelnd weich werden lassen. Mixen, passieren, Crème fraîche zufügen, kräftig abschmecken und kalt stellen.

Zubereitung Chili-Safran-Öl
Für das Würzöl die Hälfte des Olivenöls mit Safran und Chilischote auf 80 °C erhitzen und circa 15 Minuten warm halten. Restliches Öl mit Rosenpaprika, Pimentón de la Vera und eine Prise Salz auf 80 °C erhitzen und drei Stunden in der Küche stehen lassen. Dann durch ein feines Sieb zu dem Safranöl passieren, dabei darauf achten, dass von dem Paprikapulver nichts mit durchfließt. Öl mit Salz abschmecken.

Servieren
Den Anislachs auf der Mittelachse von kleinen, tiefen Tellern anrichten. Eiskalte, leicht schaumig gemixte Suppe angießen. Mit Tomatenvierteln, Basilikumspitzen, Meerfenchel, Fenchelgrün, Piment d'Espelette und Chiliöl garnieren.

> Die Supermarktalternative zum selbst gebeizten Anislachs ist der Graved Lachs, der aber längst nicht so lecker ist.
> Die Suppe ist eine tolle Erfrischung an heißen Tagen – und bei schlechtem Wetter kann man sie auch heiß servieren.

STECKBRIEF

Botanischer Name:
Thymbra spicata
Pflanzenfamilie:
Lippenblütler
(**Lamiaceae**)
Herkunft:
Syrien, Libanon
Wuchsform:
Halbstrauch
Kulturansprüche:
Nahezu frostfrei
Verwendete Pflanzenteile:
Blätter, Blüten
Vermehrung:
Aussaat, Stecklinge

ZA'ATAR

Za'atar ist in der arabischen Welt mehr ein Geschmack als eine Pflanze. Vorsicht, der Geschmack kann süchtig machen!

Das meiste, was man in der westlichen Welt als Za'atar, als getrocknete Würze, bekommt, enthält entweder Thymian, Bohnenkraut oder eine Mischung aus beidem. Im Vorderen Orient dagegen werden unter der Bezeichnung „Za'atar" (gesprochen wie „Sa'tar", mit einem gutturalen Laut hinter der ersten Silbe) aber ganz andere Pflanzen verstanden. Am häufigsten werden in der arabischen Welt Oreganoarten als Za'atar verkauft und erst an zweiter Stelle kommen andere Gattungen, je nach Landstrich. Auf diesen Seiten sprechen wir speziell von einer Sorte: „Za'atar Zahrawi", oder auch „Za'atar Hommar" genannt, botanisch *Thymbra spicata* – dem echten und besten Za'atar-Kraut aller Zeiten.

Dieser kleine Halbstrauch wächst wild auf kalkhaltigen Böden in Griechenland, der Türkei, Syrien, dem Iran – eigentlich im gesamten Nahen Osten.

Das Aroma ist einfach umwerfend, da sind Wolfgang und ich schon seit Jahren einer Meinung. Das fast schon phenolische, äußerst kräftige Aroma kann man entfernt mit einer Mischung aus Oregano mit Bergbohnenkraut vergleichen.

In Syrien und dem Libanon ist Za'atar unverzichtbar und das meist gebrauchte Gewürz überhaupt. Ob in Pita-Brot, Füllung für Croissants, in Dips, Joghurt, Stews (Eintöpfen) oder über gebackene Tomaten gestreut: Überall adelt es selbst einfachste Speisen. Man sagt, dass die Kinder diese Art Za'atar aufs Schulbrot vor Klassenarbeiten bekommen, weil es wach und schlau macht.

Za'atar wird auch eine Gewürzmischung genannt, die meist außer Za'atar-Kraut, je nach Gegend, gemahlene, saure Sumachfrüchte und Sesam enthält. In arabischen Ländern wird diese Gewürzmischung in Olivenöl verrührt und dann mit Fladenbrot gebacken oder als Fleischwürze eingesetzt. Eine einfache Art, Za'atar zu genießen, ist es, ein Stück Brot in Olivenöl zu dippen und danach in getrocknetes, zerkrümeltes Za'atar. Um die Würze noch besser zu konservieren, legt man es sogar in Essig ein. Vorsicht, der Geschmack kann süchtig machen!

Das kleine Sträuchlein blüht den ganzen Sommer über, und es sind die mit vielen Hochblättern verdickten Blütenköpfe, die dieses Aroma wie aus Tausendundeiner Nacht abgeben, frisch genauso wie getrocknet. Wer es geschafft hat zu warten, wird feststellen, dass der Geschmack sich sogar noch intensiviert, wenn die Blüten schon lange abgeblüht sind. Und jetzt kommt der Wermutstropfen: In der Kultur ist Za'atar Zahrawi leider nicht ganz einfach. Die Pflanze braucht viel Licht, und man kann sie leicht durch zu vieles Gießen umbringen. Sie ist nicht wirklich winterhart (obwohl wir schon Berichte bekommen haben, dass sie einen deutschen Winter überstanden hat). Man kann sie im Gewächshaus oder am Fensterbrett, kalt oder warm überwintern. Die Vermehrung gelingt am besten über zwei Zentimeter große, weiche Kopfstecklinge vom Herbst bis ins zeitige Frühjahr.

ZA'ATAR-*BOHNENSALAT*

Zutaten

Dieses Rezept fasse ich ganz locker ab, damit Sie sich auf dem Markt spontan inspirieren lassen können. Das schöne Foto kann Ihnen dabei als Anregung dienen, das Einkaufsmotto sollte allerdings sein: „Alles kann, aber gar nix muss!"

Zum Beispiel: Saubohnen, zweifach ausgepult und blanchiert; grüne und breite Bohnen, blanchiert und abgeschreckt; getrocknete Borlotti („Wachtelbohnen") oder Kidneybohnen und Palbohnen, langsam mit Kräutern und Speck weich gekocht – der jeweilige Bohnenmix sollte zusammen 300 g ergeben.

4 TL Za'atar-Blätter

2 Knollen junger Knoblauch, die Zehen herausgeschält und

2 x blanchiert und abgeschreckt

1 EL Speckstreifen

2 EL kurze Schalottenstreifen

1 EL kurze rote Zwiebellamellen

⅓ Stange Lauch, in dicke Scheiben geschnitten, blanchiert und abgeschreckt

1 TL Chiliringe von mildem Chili

4 Radieschen, in Scheiben geschnitten

1 EL schwarze Oliven ohne Kern

6 Confit-Tomatenviertel, in Streifen geschnitten

Gewürzmischung „Za'atar"

Olivenöl zum Anbraten

Zum Anmachen:

Essig-Öl-Vinaigrette (siehe Seite 89)

Zubereitung

Speckstreifen in Olivenöl braun anbraten, Zwiebelsorten kurz mitbraten, vorbereitete Bohnen und alle weiteren Gemüse mit anschwitzen, vom Herd ziehen, frisch gehacktes Za'atar unterheben, mit der Vinaigrette anmachen und auf einer Platte servieren.

,, Ich liebe Bohnen in allen Spielarten, einzeln, aber auch kombiniert mit Pasta oder Kartoffeln oder Zucchini oder Pesto & Tintenfisch. Im Sommer lassen sich durch die Kombination von mehreren Sorten nach Marktlage farbenfrohe Salate oder warme Beilagen zusammenstellen.

Und: Wir handeln ja mit Gewürzen, eine unserer Mischungen ist das aus Nordafrika und dem Nahen Osten stammende Za'atar, benannt nach seinem Hauptbestandteil, dem Za'atar-Kraut, zu Deutsch *Syrischer Ysop*. Die Mischung funktioniert wie Bohnenkraut: Neben der pointierten geschmacklichen Ergänzung am Bohnengemüse/-salat trägt Za'atar dazu bei, dass das Gericht viel besser bekömmlich ist.

Als ich Za'atar als Pflänzchen in Horstedt entdeckte, war ich daher sofort begierig, das Kraut zu probieren – und bin seitdem ein begeisterter Fan. Ein paar frische Blättchen davon, ein bisschen klein gehackt und im letzten Moment an die Bohnen gegeben und das vertraute Bohnenkraut kommt einem im Vergleich dazu lahm und bieder vor – so toll harmonieren milde Bohnen und das pfeffrige, an intensiven Oregano und Thymian erinnernde Aroma des reinen Za'atar-Krauts.

STECKBRIEF

Botanischer Name:

Thymus species

Pflanzenfamilie:

Lippenblütler

(**Lamiaceae**)

Herkunft:

Italien

Wuchsform:

Halbstrauch

Kulturansprüche:

**Winterfest,
durchlässiger Boden**

Verwendete Pflanzenteile:

Blätter, Blüten

Vermehrung:

Stecklinge, Teilung

*I*TALIENISCHER OREGANO-*T*HYMIAN

**Sagenhaftes Aroma.
Klein, aber fein.
Hier geht Qualität
vor Quantität.**

Nicht bei allen Kräutern sind wir, Wolfgang und ich, gleich einer Meinung, aber hier war es von Anfang an so: Fantastisches Aroma! Der feine, runde, samtige Duft der kleinen grauen Blättchen hat eine ganz eigene Note. Jedenfalls duftet diese Pflanze nicht wirklich nach Thymian, und selbst zwischen verschiedenen Oreganoarten würde ich dieses Kraut jederzeit herausriechen. Für mich perfekt für Pasta mit Sahnesoße. Probieren Sie das unvergleichliche Aroma auch an Käsehaltigem. Sobald Sie den Duft erst einmal in der Nase haben, lassen Sie Ihrer Fantasie freien Lauf!

Auch in der Kultur ist dieser Thymian, der äußerlich wie ein typischer, graulaubiger Französischer daherkommt, etwas anders. Obwohl auch hier in Deutschland vollkommen winterhart, möchte er im Garten an einer möglichst warmen Stelle im Garten stehen. Es ist der einzige Thymian, den wir selbst im Sommer oft in den Gewächshäusern halten. Gerade weil er so wärmeliebend ist, kann man es auch mal mit einer Kultur auf der Fensterbank versuchen – der normale Thymian würde eingehen! Und natürlich braucht auch dieser Thymian für das volle Aroma stets auch die volle Sonne.

Während gewöhnlicher Thymian auskommt mit einer nur wenig gedüngten Erde, möchte der Italienische Oregano-Thymian gute, humose Erde, und er verträgt auch gelegentliches Nachdüngen. Könnte sein, dass es an dem viel feineren Wurzelwerk liegt.

In vielen Kräuterbüchern steht oft geschrieben: „Vor der Blüte ernten." Ja klar, dann ist das Aroma noch zehn Prozent stärker, aber bei vielen Pflanzen, die sehr aromatisch sind, wie auch dieser Thymian, fällt das doch nicht weiter ins Gewicht. Verwenden Sie ohne schlechtes Gewissen auch die blühenden oder abgeblühten Stängel. Kein Problem!

Mühsam ist die Ernte, wenn man einzelne Blättchen abzupft, da ist es besser, ganze Zweige im Schatten trocknen zu lassen. Danach kann man sie zwischen den Händen abrebeln. Das geht leichter und das Aroma hält sich auch getrocknet gut. Dann aber bitte nicht weiter zerkleinern – sonst entweicht zu viel von dem köstlichen Duft –, erst dann bei Verwendung, wenn überhaupt nötig. Die vielen Bruchstellen würden das Trockengut, das eine hohe Konzentration an ätherischen Ölen hat, schneller oxidieren, sprich ranzig werden lassen. Während viele Thymiane – je nach Jahreszeit – unterschiedlich schmecken, haben wir hier ein verlässlich konstantes Aroma das ganze Jahr über, auch wenn im Sommer der Geschmack intensiver ist.

Im späten Frühjahr, etwa im Juni, blüht dieser Thymian über und über mit schönen rosa Blüten. Lassen Sie ihn ein paar Wochen ausblühen, dann ist er reif für den Sommerschnitt. Danach treibt er bis in den Herbst hinein ein zweites Mal aus, dann aber ohne Blüte. Die Vermehrung geht wie bei allen Thymianen durch Stecklinge oder Teilung im Frühling.

Aber woher kommt die Sorte überhaupt? Ich selbst habe ihn vor langer Zeit nicht etwa in Italien, sondern von einer kleinen Kräutergärtnerei in den USA bekommen. Doch auch die Leute dort konnten mir nicht sagen, aus welcher Gegend in Italien dieses Kräuterjuwel denn stammt. Inzwischen ist dieser Thymian in Deutschland und den USA bestimmt bekannter als in Italien. Kurios.

„Anmerkung: Es gibt übrigens noch einen anderen mit dem Namen Oregano-Thymian – mit kriechendem Wuchs. Dieser duftet auch ganz lecker, entwickelt aber bei Weitem nicht die Würzkraft des Italienischen."

„PIEMONTESER BUTTERBROT"

EINGELEGTES HÜHNCHEN „IN CARPIONE" AUF GESCHMOLZENEN SCHALOTTEN
MIT **OREGANO-THYMIAN**

Zutaten
Hühnchen

2 Poulardenbrüste, ohne Haut,
jeweils schräg in 4 gleichmäßig
flachen Scheiben geschnitten
6 EL Mehl, 2 verquirlte Eier und
8 EL Toastbrotbrösel zum Panieren
8 Salbeiblätter, Salz, Pfeffer,
Zitronensaft

Marinade

Je 150 ml Weißweinessig und
Weißwein
Je 20 g Zucker und hochwertiges
Olivenöl
Die Schale von je 1 Bioorange und
1 Biozitrone, mit dem Sparschäler
heruntergeschnitten
Saft und fein geriebene Schale von
je ½ Bioorange und ½ Biozitrone
Staudensellerie, Karotte, rote &
gelbe Paprika und weiße Zwiebel
(geputzt/geschält und in feine
Streifen geschnitten – zusammen
sollte das 200 g ergeben)
1 Knoblauchzehe, geschält und
gehackt
1 EL frisch gehackte, glatte
Petersilie zum Anrichten

Geschmolzene Schalotten

20 Schalotten, geschält und in
nicht zu feine Streifen geschnitten
1 Spritzer Olivenöl
60 g Butter
1 Msp. gehackter Knoblauch
Salz, Pfeffer, Zucker
1 Spritzer Weißweinessig
1 Lorbeerblatt
8 Zweige Oregano-Thymian

Zubereitung Schalotten

Schalottenstreifen und gehackten Knoblauch bei starker Hitze kurz in Olivenöl
anschwitzen, Hitze reduzieren, Lorbeerblatt und Butter zufügen, leicht mit Salz, Pfeffer und Zucker würzen. Dadurch geben die Schalottenstreifen etwas Wasser ab. Sie
sollen bei kleiner Hitze ganz langsam in ihrem eigenen Saft zusammenfallen und
weich dünsten. Sollte die eigene Flüssigkeit nicht ausreichen, ab und an einen Esslöffel Wasser zufügen. Wenn die Schalotten weich sind, Lorbeerblatt entfernen und
nachschmecken. Oregano-Thymian-Blättchen von den Zweigen zupfen.

Zubereitung Carpione

Für die Marinade Gemüse und Zitrusstreifen in Olivenöl anschwitzen, leicht salzen,
den Zucker zufügen, mit Essig und Weißwein ablöschen, aufkochen und vom Herd
ziehen. Mit geriebener Orangen- und Zitronenschale nachsäuern, auskühlen lassen.
Poulardenbrust salzen, pfeffern, mit Salbeizweigen belegen; in Mehl, Ei, Bröseln
panieren, in Olivenöl ausbacken, abtropfen, nachsalzen, mit Zitronensaft beträufeln
und in einem geeigneten Gefäß eng nebeneinanderlegen. Mit der Gemüsemarinade
übergießen und zwei Stunden durchziehen lassen.

Servieren

Je zwei Hühnerscheiben auf einen Teller geben, mit den Marinadegemüsen belegen
und mit Marinade beträufeln, mit frisch gehackter Petersilie bestreuen; die wiedererwärmten Schalotten mit den Oregano-Thymian-Blättchen vermengen und dazusetzen.
Mit Orangenschalen aus der Marinade garniert servieren.

"

Die Zubereitung *in carpione* bezeichnet etwas Gegartes, das mit einer
Marinade übergossen und dadurch haltbar gemacht wird. Das sind im Piemont traditionell zum Beispiel panierte Hühnerbrüste, Kaninchen, Aal oder
andere Flussfische. Der Feldarbeiter, Winzer oder Schüler isst das Ganze wie
wir Deutschen unser Butterbrot – als Snack zwischendurch.
Das Rezept stammt von der Großmutter unseres Gastkoches im Jahr 2014,
Stefano Paganini, der die alte Zubereitung durch Zitrusschalen aufgefrischt hat.
Und die Schalottenzubereitung klingt so profan, dass man sie schnell übergeht. *Aber*: Wenn man sie wie beschrieben gaaanz laaangsam vor sich hin
schmurgeln lässt, werden die unscheinbaren Zwiebelchen unglaublich gut –
und erreichen durch den tollen Oregano-Thymian noch eine intensiv würzige
Geschmacksspitze.

STECKBRIEF

Botanischer Name:
Cosmos caudatus
Pflanzenfamilie:
Korbblütler
(Asteraceae)
Herkunft:
Malaysia (ursprünglich
Mittelamerika)
Wuchsform:
Kurzlebige Staude
Kulturansprüche:
Frostfrei überwintern
Verwendete Pflanzenteile:
Blätter, Stiele, Blüten
Vermehrung:
Aussaat, Stecklinge

ULAM RAJA

Erfrischend, herb und appetitanregend schmeckt ein Salat aus den zarten Blättern.

Was meine sonst üblichen Vergleichsversuche den Geschmack betreffend angeht, muss ich hier passen. Dieses Gaumenerlebnis kann man kaum mit etwas vergleichen. Ich versuche es trotzdem: Die zarten Blätter schmecken erfrischend, herzhaft, aber nicht aufdringlich, etwas harzig und man könnte eine Spur grüne Mangoschale darin vermuten. Alles in allem hat Ulam Raja eine Harmonie in sich, zu der mein europäisch geprägter Gaumen sofort sagt: „Ja, mehr davon." Es ist eines der beliebtesten Salatkräuter Malaysias.

Nur mit Essig, Öl und Salz – machte ich mir also eine große Salatschüssel mit einem einfachen Salat, nur mit den Blättern und den besonders knackigen Stielen von Ulam Raja. Lecker! Überraschend war dann aber die überaus angenehme Nachwirkung: Ich fühlte mich spontan erfrischt und hellwach. Das ist vermutlich auf den erheblichen Gehalt an Polyphenolen (OPC, Oligomere Procyanidine) und anderen gesundheitsfördernden Stoffen zurückzuführen. In Malaysia ist Ulam Raja gleichzeitig eine beliebte Heilpflanze, die ganz allgemein die Vitalität steigert, und auch Genusspflanze. Es wird dort zu Nasi Ulam, einem Reisgericht, serviert, ist aber auch gewokt in einer chiligewürzten Kokosmilchsoße beliebt.

Malaysia ist sicher das Epizentrum der Begeisterung für Ulam Raja, aber es wird auch in Indonesien und anderen südostasiatischen Küchen verarbeitet. Wie so vieles Kulinarisches, kommt dieses Kraut aber eigentlich aus Mittelamerika. Es wurde ursprünglich von Missionaren in Mexiko kultiviert.

Ulam Raja lässt sich leicht aus Samen ziehen. Die Aussaat erfolgt am besten im Frühjahr. Eine Voranzucht ist zu empfehlen ab März. Nach den Eisheiligen kann in humose, gute Erde ausgepflanzt werden. Volle Sonne ist gut, aber auch ein halbschattiger Standort wird vertragen. Damit Sie immer genügend zarte und schmackhafte Blätter ernten können, braucht es einen gleichmäßig feuchten Boden und gute Nährstoffversorgung. Denn dieses Kraut will schnell wachsen. Nur dann bleiben die Blätter schön weich für den Küchengebrauch.

Wir kennen die nächsten Verwandten von Ulam Raja mit ihren zarten Blüten aus unseren Blumengärten als Kosmeen oder auch Schmuckkörbchen. Und im Jungzustand sehen sie auch ganz ähnlich aus.

Ulam Raja gilt entweder als einjährige oder als ausdauernde Pflanze. Nach meiner Erfahrung ist es eine kurzlebige Ausdauernde, die laufend durch Stecklinge (einfach!) oder Aussaat verjüngt werden sollte. Man kann die Samen jedes Jahr im Frühjahr aussäen und die Pflanzen im Winter absterben lassen, oder Sie versuchen, die Pflanze im Haus bei Zimmertemperatur weiter zu kultivieren. Beides ist möglich. Bei der Überwinterung muss immer fleißig nachgedüngt werden, und – wenn Sie nicht laufend ernten, sollten die Triebspitzen herausgeschnitten werden.

Ein Kuriosum ist, dass überwinterte Pflanzen den ganzen Sommer über blühen, während die Sämlinge im ersten Jahr nur Unmengen von leckerem Laub produzieren. Erst im Herbst fangen die Pflanzen an zu blühen, und meist dauert es dann bis zum ersten Frost, bis man die reifen Samen absammeln kann.

ULAM RAJA ALS SALAT

MIT GUANCIALE, PFIFFERLINGEN, PARMESAN-CHIPS, OLIVEN & GEZUPFTEM KANINCHEN (ODER HÜHNCHEN)

Zutaten

120 g Ulam-Raja-Blätter
1 Chicorée, nur die obere Hälfte der Blätter
8 dünne Scheiben „Guanciale" (luftgetrocknete toskanische Schweinbäckchen), alternativ Bacon oder Pancetta
2 Kaninchenkeulen mit Knochen, alternativ 3 Hühnerschenkel
Hochwertiges Olivenöl
Schwarze Oliven ohne Kern in Olivenöl (BOS-FOOD)
Schwarzer Pfeffer, grob geschrotet
Parmesanchips (fein geriebener Käse in beliebigen Formen auf eine Silikonbackmatte „Silpat" gestreut und bei maximaler Oberhitze geschmolzen)
Meersalz
8 große, feine Parmesanhobel
1 Lorbeerblatt
4 Zweige Thymian
4 EL geputzte kleine Pfifferlinge
Butter zum Anschwitzen
Zitronensaft

Wenn das Fleisch nicht im Vakuum gegart werden kann:
2 Zwiebeln (geschält, grob geschnitten), 2 Knoblauchzehen (geschält)

Zubereitung

Ohne Vakuum gegart: Keulen anbraten, etwas Zwiebeln, Knoblauch, Lorbeer und Thymian zufügen, etwas Wasser oder Brühe zufügen und zugedeckt im Ofen bei 120 °C gar schmoren.
Guanciale-Scheiben nebeneinander auf dem Silpat ausbreiten und bei 160 °C (Umluft) langsam goldbraun rösten.
Im Vakuum gegart: Kaninchenkeulen leicht einölen, mit wenig geschrotetem Pfeffer bestreuen, mit Lorbeer und Thymian belegen und vakuumieren. So lange im Wasserbad bei 65 °C garen, bis das Fleisch auf Druck von außen durch den Beutel zart nachgibt (circa drei Stunden). Beutel öffnen, Kräuter entfernen und das Fleisch mit den Händen von den Knochen streifen und in kleinere Stücke zupfen.

Servieren

Das Kaninchenfleisch mit den Oliven vermischen, mit Meersalz und grobem Pfeffer würzen, leicht erwärmen. Pfifferlinge in wenig Butter halb gar anschwitzen, mit Salz, Pfeffer und Zitrone würzen.
Ulam-Raja-Blätter mit Chicorée-Spitzen mischen, mit Salz, Zitrone und Olivenöl anmachen, auf Teller verteilen. Kaninchenfleisch, Oliven, Parmesanhobel und Pfifferlinge darübergeben, Parmesanchips und knusprige Guanciale dazustellen.

> Das Garen im Vakuum im kontrollierten Wasserbad ist in der Gastronomie gang und gäbe und immer mehr Hobbyköche sind begeistert von den tollen Resultaten dieser Technik, egal ob mit Fisch, Fleisch, Früchten oder Gemüse. Aber das Kaninchen/Geflügel herkömmlich geschmort, wie oben beschrieben, wird fast genauso gut und man erhält zusätzlich noch ein paar Esslöffel Schmorfond als „Bonus", den man über den Salat träufeln kann.

STECKBRIEF

Botanischer Name:

Poliomintha longiflora

Pflanzenfamilie:

**Lippenblütler
(Lamiaceae)**

Herkunft:

Mexiko, Texas

Wuchsform:

Strauch

Kulturansprüche:

**Frostfrei,
durchlässiger Boden**

Verwendete Pflanzenteile:

Blüten, Blätter

Vermehrung:

Weiche Stecklinge

MEXIKANISCHER OREGANO

Vom Geschmack her: Es gibt keinen besseren Oregano unter der Sonne als diesen.

Ich glaube, ich habe mich von Anfang an in diese Blütenschönheit verliebt. Dieser zierliche Strauch bringt im Sommer Mengen an leuchtenden, großen, zarten Röhrenblüten hervor. Beim Aufgehen sind sie noch fast weiß, beim Abblühen werden sie kräftig rosa, ein interessantes Farbenspiel. Es sind typische Kolibriblüten.

Während er in seiner Heimat Wuchshöhen von 1,50 Meter und mehr erreichen kann, wird er in Topfkultur nur 30–50 Zentimeter groß. Wichtig sind volle Sonne und eine Erde, die man zwischen den Gießgängen immer mal wieder abtrocknen lässt. Er wächst eher langsam. Daher ist es am besten, immer in gefühlt zu kleinen Töpfen zu kultivieren. Aber es lohnt sich.

Dieser Geschmack ist einfach einzigartig. Soll ich ihn beschreiben? Das Beschreiben profanisiert leider immer wieder das Original, das Sie selbst erleben müssen. Eine Beschreibung ist immer nur eine Krücke. Na gut: Stellen Sie sich vor eine Mischung von bestem Pizza-Oregano mit der herzhaften Note von Bergbohnenkraut, das Ganze mit vielen subtilen Obertönen (der Koch würde sagen Kopfnoten, aber ich bin nun mal Musiker).

Die Ernte ist bei diesem Oregano immer wieder eine Freude. Denn außer den dünnen holzigen Ästen kann man alles als aromagebende Zutat verwenden: die weichen, dünnen, ovalen Blättchen und vor allem die rosa Röhrenblüten mitsamt den Kelchen. Selbst wenn die Blüten schon längst hinüber sind, sind sie noch zu gebrauchen. Sie tragen sogar das stärkste Aroma in sich.

Lässt man die Pflanze wachsen, ohne sie zu beschneiden, entwickeln sich im Sommer dicke Blütenbüschel, die so schwer werden können, dass sie die ganze Pflanze nach unten biegen. Machen Sie es, wie Sie wollen: entweder mit einem Stab anbinden oder als Hängepflanze kultivieren. Oder noch besser: gleich ernten – die ganzen Köpfe mitsamt Kelchen und Blüten. Diese lassen sich auch prima trocknen für den Gebrauch im Winter.

Im Sommer verwenden Sie Blätter und Blüten möglichst frisch vom Strauch, und nicht nur für alles, was Sie gedanklich mit Oregano verbinden, sondern auch an Salaten, an Tomate-Mozzarella statt Basilikum, Fleisch, Fisch, Käse … – mir fällt wenig ein, wo ich diesen Oregano nicht einsetzen könnte.

Die Kultur ist nicht ganz einfach, man kann die Pflanze leicht totgießen oder verhungern lassen, ohne böse Absicht. Überwintern lässt er sich an einem sonnigen Fenster. Die Temperaturen sollten nicht unter 10 °C sinken. Im Frühjahr bildet er dann oft längere, unverzweigte Triebe; diese rechtzeitig „entspitzen", das heißt die Triebspitzen kappen, dann verzweigt er sich an diesen Stellen und wächst buschiger nach.

Oregano ist, weltweit betrachtet, genau genommen mehr ein Geschmack als eine Pflanze. Es gibt Dutzende von Pflanzen in verschiedenen Kulturen, denen man ein typisches Oreganoaroma bescheinigen kann und die dennoch botanisch gar nichts mit unserem typischen mediterranen Oreganokraut (*Origanum*-Arten) zu tun haben. In Mexiko selbst wird noch ein weiterer Strauchoregano angebaut (*Lippia graveolens*). Dieser hat aber ein ganz anderes, dunkleres Aromaspektrum.

KARAMELLISIERTER APFEL
MIT ZWIEBELN IN DER SCHALE VERBRANNT & KALBSLEBER MIT **MEXIKANISCHEM OREGANO** AUF RAUCHKARTOFFEL-CONFIT

Zutaten
Kalbsleber, Äpfel und Zwiebeln

4 kleine säuerliche Äpfel, das Kerngehäuse ausgestochen, dann jeder Apfel in 3 dicke Ringe geschnitten, mit etwas Zitronensaft beträufelt, Zucker, Butter
18 kleine Gewürzzwiebeln
1 Stück Kalbsleber (ca. 250 g) oder Biogeflügelleber
Salz, Pfeffer
Frischer Mexikanischer Oregano, die Blättchen abgezupft

Rauchkartoffel-Confit

6 festkochende mittelgroße Kartoffeln, roh geschält und in dicke Scheiben geschnitten
200 g Räucherfischgräten
(können Sie sich vom Fischhändler als Abfall schenken lassen; wenn das nicht möglich ist, können Sie einen Rauchgeschmack an die Kartoffeln bringen, indem Sie gegarte, geschälte Pellkartoffeln auf dem Kugelgrill oder Barbecue-Smoker 20 Minuten bei wenig Hitze räuchern)
300 ml Wasser oder Brühe
50 g Butter
Je 1 TL gehackte Petersilie und Schnittlauchröllchen

Zubereitung Rauchkartoffeln

Räucherfischabschnitte und -gräten mit kaltem Wasser aufsetzen, aufkochen und 20 Minuten ziehen lassen. Abpassieren und in dem Räucherfond die Kartoffelscheiben garen, abgießen, etwas ausdämpfen lassen, noch warm mit einer Gabel zerdrücken; mit der Butter, Petersilie und Schnittlauch vermengen, mit Salz und Pfeffer abschmecken. Die Masse fest in eine passende Form drücken, durchkühlen lassen und in beliebige Stücke schneiden oder mit einem Ausstecher Zylinder ausstechen.

Zubereitung Gewürzzwiebeln

Gewürzzwiebeln bei starker Hitze auf dem Grill schwarz werden lassen, dann 15 Minuten bei niedriger Hitze weitergrillen, danach auskühlen lassen. Mit einem scharfen Messer die Wurzel und die Spitze abschneiden und das innere Weiche aus der schwarzen Schale herausdrücken. Das Innere etwas klein schneiden.

Zubereitung Apfelringe und Leber

Die Apfelringe bei starker Hitze grillen, sodass sie Grillstreifen bekommen und leicht karamellisieren. In eine Auflaufform oder Aluschale nebeneinanderlegen und leicht zuckern, jede Scheibe mit einer Flocke Butter belegen und vor dem Anrichten noch einmal kurz bei starker Hitze auf dem Grill weiter karamellisieren.
Leber angrillen und bei niedriger Hitze fertig räuchern, in zwölf Stücke schneiden, salzen und pfeffern.

Servieren

Drei heiße Apfelscheiben pro Teller anrichten, mit Leber und Schalotten belegen, mit reichlich Oreganoblättchen bestreuen und wiedererwärmte Rauchkartoffelzylinder mit Meersalzflocken bestreut dazustellen. Mit den hübschen weißen Oreganoblüten garnieren.

" Die vier Bestandteile machen das Gericht etwas aufwendig, aber glauben Sie mir: Jeder Bestandteil für sich allein schmeckt sehr gut und hat etwas Besonderes. Die Zwiebeln zum Beispiel: Im Grill verbrennen lassen (gelingt jedem!) und dann das Innere einfach herausdrücken spart jede Menge Schälarbeit und schmeckt schlicht wunderbar, man muss kaum noch würzen, da die Zwiebeln in ihrem eigenen, zucker- und stärkehaltigem Saft garen. Das funktioniert auch super mit Schalotten, großen Gemüsezwiebeln, Lauchstangen …

STECKBRIEF

Botanischer Name:
Porophyllum ruderale

Pflanzenfamilie:
Korbblütler
(**Asteraceae**)

Herkunft:
Bolivien

Wuchsform:
Strauch

Kulturansprüche:
Frostfrei, einjährig

Verwendete Pflanzenteile:
Blätter

Vermehrung:
Aussaat

QUILLQUIÑA

Das Aromawunder steckt in den megagroßen Öldrüsen, die man, gegen das Licht gehalten, als kleine nierenförmige Inseln am Blattrand erkennt.

Sie mögen Koriandergrün? Dann ist ja alles gut. Sonst haben Sie, was den Geschmack anbetrifft, vielleicht noch einen längeren Anpassungsprozess vor sich. Wenn ich mich nicht schon früher an den Geschmack von Korianderblättern gewöhnt hätte – dieser Duft hätte mich umgehauen! Definitiv etwas für Leute, denen normales Koriandergrün schon zu langweilig geworden ist.

Aus den Blättern habe ich mal ein sehr intensiv schmeckendes Pesto gemacht. Auch hier gilt wieder: „Die Dosis macht das Gift", oder genauer: Die Menge bestimmt, ob ein Gewürz einen begeistert oder vergrätzt. So auch hier.

Wie bei allen Würzkräutern, die ein ausgesprochen exotisches Aroma entwickeln, wie auch dieses hier, ist es ganz entscheidend, dass man es am Anfang sparsam einsetzt. Eben so, dass man den Geschmack gerade erahnen kann.

In Bolivien ist Quillquiña als Gewürz beliebt, das in einem Glas Wasser auf dem Tisch steht. Jeder zupft sich so viele Blätter ab, wie er für seine Tamales, Salsas und Suppen braucht.

Ich finde, es passt auch gut zu kalten Soßen und in Dips.

Verwendet werden immer die frischen, zarten Blätter. Trocknen lassen sie sich nicht, das Aroma verfliegt leider dabei.

Killi, wie es auch genannt wird, ist ziemlich anspruchslos. Es wächst ganz gut auf sandigem Boden. Falls Sie nicht selbst Samen ernten wollen, sollten die Pflanzen auf circa 30–50 Zentimetern Höhe gehalten werden, dann wächst immer wieder umso mehr frisches Grün nach. Andernfalls wächst die Pflanze sehr schnell kerzengerade in die Höhe. Bis zu zwei Meter hoch kann sie an einem geschützten Standort werden. Eine Voranzucht in unseren Breiten ist bei dieser sehr sonnenhungrigen Pflanze nicht vor Anfang April zu empfehlen. Die Samen keimen nach kurzer Zeit, und ab Mitte Mai, wenn die Frostgefahr vorbei ist, kann sie rausgepflanzt werden. Als einjähriges Kraut stirbt die Pflanze bei den ersten Herbstfrösten ab. Denken Sie rechtzeitig an die Samenernte für die Aussaat im kommenden Jahr. Die Samen reifen im Spätsommer und im Herbst heran; nehmen Sie sie ab, wenn sie schon schwarz, aber noch nicht weggeflogen sind. Ein kleiner Windhauch, und sie fliegen wie Löwenzahnschirmchen in Nachbars Garten.

Neben Quillquiña gibt es noch mehrere andere Arten aus der Gattung *Porophyllum*, die auch dieses starke Koriandergrünaroma haben, wie das mexikanische Papalo (*Porophyllum ruderale* ssp. *macrocephalum*) mit mehr runden Blättern oder das gleichfalls aus Mexiko stammende Pipicha (*Porophyllum tagetoides*).

TOM KHA GAI
MIT THAI-BASILIKUM UND **QUILLQUIÑA**

Zutaten
Suppe

200 ml Hühner- oder
Gemüsebrühe
800 ml Kokosmilch
40 g Galgant oder frischer Ingwer
2 Stängel Zitronengras
4 geschälte Schalotten
1–3 kleine, scharfe Chilischoten
5 Kaffir-Limonenblätter vom
Asiashop oder von BOS-FOOD
3 EL Limonensaft
2 Knoblauchzehen
2 EL Sesamöl
Pades Currymischung „Mild"
und „Pikant" nach Geschmack
(siehe Seite 160)

Einlage

2 EL grob geschnittene
Quillquiña-Blättchen
4 EL Lauchzwiebelröllchen
16 Thai-Basilikum-Blätter, grob
geschnitten
Poulardenbrust- oder Keulenfleisch,
ohne Haut und Knochen, klein
geschnitten und gewürzt
mit Salz und Pfeffer
Gemüse als Einlage nach Belieben,
siehe Foto rechts

Zubereitung Suppe

Grob geschnittenen Galgant, angedrücktes Zitronengras, in Würfel geschnittene Schalotten, Knoblauch und Kaffir-Limonenblätter in Sesamöl anschwitzen, leicht salzen und mit Curry bestäuben.
Mit Kokosmilch und Hühnerbrühe auffüllen, unter Rühren aufkochen, 25 Minuten leicht köcheln lassen. Durch ein Sieb passieren und mit Limonensaft würzen.

Zubereitung Einlage

Als Einlage kann man in der Tom Kha Gai alle beliebigen, klein geschnittenen Gemüse kurz-knackig garziehen – Spargel, Shiitake-Pilze, Sojasprossen, Kohl, Erbsen, Paprika, Spinat, milde Chilis, Bohnensorten …
Klassisch gehören auf jeden Fall hinein: in der Suppe kurz gegartes Geflügelfleisch und am Schluss zur Garnitur Thai-Basilikum, Lauchzwiebelröllchen und Korianderblättchen, die wir in unserem Rezept durch wohlschmeckende Quillquiña ersetzen.

Servieren

Die Tom-Kha-Gai-Suppeneinlage in Teller verteilen, darauf das Hühnerfleisch verteilen, mit Thai-Basilikum und Quillquiña garnieren, die Teller vor den Gästen mit Tom-Kha-Gai-Suppe auffüllen.

> Eine wunderbar leichte Suppe, unkompliziert in der Herstellung, die man fast zu jeder Jahreszeit unproblematisch servieren kann, da sich die Gemüseeinlagen beliebig variieren lassen. Wenn man das Hühnerfleisch weglässt und mit Gemüsebrühe auffüllt, ist das Ganze sogar *vegan*.
> Sie funktioniert als würzige, leichte kleine Mahlzeit und hat sich in unserem Restaurant toll bewährt bei Partys als „Mitternachtssuppe" – statt traditionell ein mächtiges Chili con Carne oder Käseplatten zu reichen, wenn die Tanzenden vom kleinen späten Hunger überfallen werden, lieber eine beflügelnde Schale Tom Kha Gai hinstellen und die Party kann noch lange weitergehen.

CHILIS

Chilis haben nicht nur Schärfe, sondern auch eine ganze Menge fruchtiges Aroma.

Viele denken, man hätte die Schärfe in die Chilischoten hineingezüchtet. Doch das stimmt so nicht.

Bei den Inkas waren alle Chilis scharf, es gab keine schärfefreien Chilis, wie die heutigen mild schmeckenden Paprikaschoten.

Chilis gehören inzwischen nicht nur in ihrer Heimat Mittel- und Südamerika zu den wichtigsten würzenden Zutaten, sondern auch in anderen Teilen der Welt. Vor allem die tropischen und heißen Länder haben es schon vor langer Zeit für sich entdeckt, denn scharfe Chilis im Essen führen zu vermehrtem Schwitzen und damit auch zu einer angenehmen Abkühlung des Körpers. Andererseits sind auch chiligewürzte Speisen hervorragend geeignet, im Inneren des Körpers ein Gefühl von Wärme zu erzeugen. Warum aber sind Chilis so beliebt? Vielleicht liegt es am Capsaicin, der Substanz, die für die ganze Schärfe verantwortlich ist und gleichzeitig eine kreislaufanregende Wirkung entfaltet. Wie bei Koffein geht man von einer, wenn auch geringen, süchtig machenden Wirkung aus.

Es gibt eine schier unendliche Zahl an Chilisorten. Um sie ein wenig einschätzen zu können, bedient man sich der Scoville-Skala der Schärfe, wobei Stufe zehn die schärfsten und Stufe eins die mildesten Chilis sind. Stufe eins hat zum Beispiel der berühmte Jalapeño.

Chilis selbst zu ziehen macht Spaß. Wir haben herausgefunden, dass es ein ausgesprochenes Männerhobby ist. Vielleicht liegt es an der Kombination von schmerzhafter Schärfe und „Männer kennen keine Tränen", also dem Bedürfnis, das zu beweisen. Oder es liegt an der unglaublichen Vielfalt an Chilis (ich möchte jetzt für die emanzipierten Männer eine Bresche schlagen ...). Praktisch alle Farben sind vertreten. Freuen Sie sich über rote, schwarze, violette, gelbe und orangefarbene Früchte. Und über die vielen Formen: lang, kurz, dünn, aufrecht, hängend, gebogen, bauchig oder glockenförmig.

Unterscheiden kann man einjährige Sorten, die dann irgendwann im Winter absterben (*Caspicum annuum*) und mehrjährige Arten, die, nach der letzten Ernte im Winter stark zurückgeschnitten, weiterwachsen und mit der Zeit umfangreiche Sträucher werden. Einige Sorten können leicht über zwei Meter hoch werden, wenn man ihnen dafür den Raum gibt. Sehr schön ausdauernd, ertragreich und gut für die Fensterbank sind die Sorten „Tabasco", „Peruvian Purple", „Mini-Chili".

Chilis zu ziehen geht ziemlich einfach. Man muss nur wissen, dass sie viel Wärme und Feuchtigkeit brauchen, um zu wachsen und zu fruchten. Halbschatten vertragen sie gut, die Kultur im Freien gelingt nur mit wenigen Sorten und hier auch nur in den wärmsten Gegenden Deutschlands. Ein Platz auf der Fensterbank bei Zimmertemperatur ist da gerade richtig.

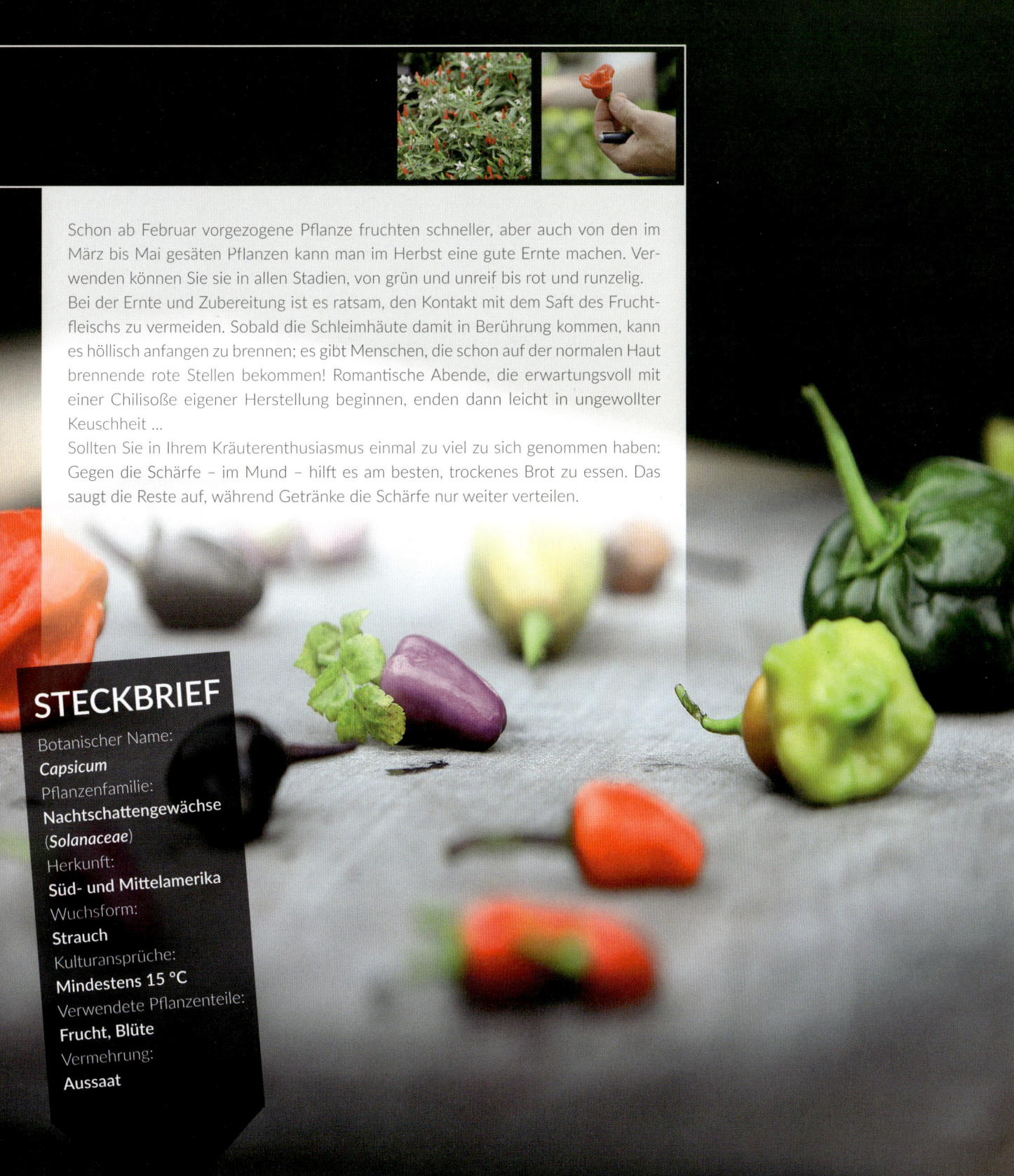

Schon ab Februar vorgezogene Pflanze fruchten schneller, aber auch von den im März bis Mai gesäten Pflanzen kann man im Herbst eine gute Ernte machen. Verwenden können Sie sie in allen Stadien, von grün und unreif bis rot und runzelig.

Bei der Ernte und Zubereitung ist es ratsam, den Kontakt mit dem Saft des Fruchtfleischs zu vermeiden. Sobald die Schleimhäute damit in Berührung kommen, kann es höllisch anfangen zu brennen; es gibt Menschen, die schon auf der normalen Haut brennende rote Stellen bekommen! Romantische Abende, die erwartungsvoll mit einer Chilisoße eigener Herstellung beginnen, enden dann leicht in ungewollter Keuschheit …

Sollten Sie in Ihrem Kräuterenthusiasmus einmal zu viel zu sich genommen haben: Gegen die Schärfe – im Mund – hilft es am besten, trockenes Brot zu essen. Das saugt die Reste auf, während Getränke die Schärfe nur weiter verteilen.

STECKBRIEF

Botanischer Name:
Capsicum
Pflanzenfamilie:
Nachtschattengewächse
(**Solanaceae**)
Herkunft:
Süd- und Mittelamerika
Wuchsform:
Strauch
Kulturansprüche:
Mindestens 15 °C
Verwendete Pflanzenteile:
Frucht, Blüte
Vermehrung:
Aussaat

SPAGHETTI *PUTTANESCA*
PIMPED BY RÜHLEMANNS'

Zutaten

500 g Spaghetti
1 Knoblauchzehe, gehackt
4 kleine Sardellenfilets, gehackt
2 kleine scharfe getrocknete
Peperoncini, gehackt
4 kleine, vollreife Tomaten,
entstrunkt und gewürfelt
4 EL geriebener Parmesan
3 EL frisch gehackte Petersilie
Olivenöl
Salz
2–4 Chilis „Peruvian Purple" und
4–8 Chilis „Ecuador Purple" in
verschiedenen Reifegraden, das
heißt Farben, gern in Lila, Gelb,
Orange und Rot – alle Chilis
halbiert und sorgfältig entkernt
– in den Kernen steckt die
schlimmste Schärfe
Optional zur Garnitur:
Chiliblüten und bunte Chilis
12 Parmesanhobel

Zubereitung

Alle entkernten Chilisorten *dreimal* hintereinander in jeweils frischem Wasser blanchieren und abschrecken, jetzt sollten sie gar sein – und nicht mehr scharf, sondern nur noch hocharomatisch mild.
Spaghetti in gut gesalzenem Wasser „al dente" (bissfest) kochen. Derweil Knoblauch in Olivenöl gleichmäßig hellbraun rösten, getrocknete Chilis ganz kurz mitrösten, gehackte Sardellen zufügen, einige Sekunden mitrösten, bis sie nicht mehr zischen; den Röstvorgang durch das Zufügen der Tomaten stoppen. Tomaten etwas zusammenfallen lassen, die abgetropften Spaghetti und Chilistreifen einschwenken, Parmesan und Petersilie einrühren, eventuell leicht salzen.

Servieren

Auf Teller verteilen, mit Chiliblüten und Parmesanhobeln bestreut servieren.

Puttanesca bedeutet „Huren-Art". Der Legende nach soll diese Pasta von den Damen, die im Hafen von Napoli ihrem Gewerbe nachgehen, erfunden worden sein. Wenn die nämlich nach der Arbeit morgens um fünf nach Hause in ihre Wohnung kommen, können sie ja schlecht einkaufen, um sich etwas zu essen zu machen, und müssen sich mit dem begnügen, was sie so finden: Spaghetti und Olivenöl sind wohl immer da. Eine Dose Sardellen, ein bisschen Knoblauch, trockene Chilis, vielleicht eine alte Ecke Parmesan, und wenn es gut läuft, auch noch ein Sträußchen Petersilie. Diese Pasta ist supereinfach, superbillig und superlecker – wenn man den Knoblauch korrekt röstet!
Ich wollte gern unbedingt etwas mit Daniels schönen bunten Chilisorten für dieses Buch machen. Das Problem war nur: Die meisten sind so scharf, dass man sie homöopathisch dosieren sollte, klein gehackt und messerspitzenmäßig – und somit geht die Optik flöten. Durch Blanchieren wird jedes Gemüse ausgelaugt, was den Chilis gegenüber vielleicht etwas ungerecht ist. *Trotzdem:* So kann ich sie sichtbar einsetzen, ohne dass Gäste beim Verzehr anfangen zu brennen, das war mein erklärtes Ziel bei der Entwicklung dieses Rezepts. Ich denke, auch für einen Hobbygärtner sollte es befriedigend sein, wenn er sich an seinen schönen Pflanzen nicht nur im Topf, sondern auch auf dem Teller optisch erfreuen kann. Die Blüten obendrauf gestreut hübschen das Ganze zusätzlich auf; die verwendeten Chilis noch mal als ganze Schoten am Tellerrand dekoriert, ist noch eine weitere „Schmuck"-Variante.

< Seite 14

Ich war erst mal verblüfft über diese ganzen Sorten an Basilikum, die es jetzt gibt. Als Koch werde ich auch immer sehr über das Auge angesprochen. Dann habe ich das erste attraktiv aussehende Basilikum „erschnuppert" und probiert und war erstaunt. Dann das nächste und nächste. Die Folge war für mich, dass ich in meinem Beet zu Hause verschiedene Basilikumsorten habe und es unheimlich schätze, dass ich, wenn ich so etwas Profanes mache wie „Tomate Mozzarella", zu Hause für meine Familie, dass ich nun einfach an dieses Beet gehen und mich bedienen kann.

Daniel, du hast gesagt: „Was gut aussieht, soll auch gut schmecken." Ist das ein Prinzip deiner Gärtnerei?

Daniel: Ich glaube, dieser Gedanke kommt von Wolfgang. Er sagt, es gibt so viel tolle Dekoware auch für Restaurants und für die Küche, die wohl schön sind fürs Auge, aber nicht wirklich für den Gaumen, und die nach nichts schmecken. Da hat er recht. Wolfgang meinte neulich: „Hey, hier hat ja fast alles Geschmack, was gerade blüht." Und dann dachte ich: Ja, das ist für mich auch ein wichtiges Prinzip. Ich hatte neulich eine Deko auf dem Teller, das war eine Orchideenblüte, total tolles lila Teil, in einem asiatischen Restaurant. Dann fragte ich: „Kann man das denn mitessen?" „Ja", sagte der Kellner, dann hab ich das probiert und es war furchtbar. Es hat mir die ganze sonstige Atmosphäre in diesem eigentlich schönen Restaurant nach unten gezogen. Und das mag ich auch nicht. Einfach so zur Zierde muss nicht sein. Ich bin da Genussmensch. Genießen heißt natürlich auch mit den Augen genießen. Es muss gut aussehen, ganz klarer Fall. Aber ich bin auch Nasen- und Gaumenmensch, das hat bei mir ganz starken Einfluss auf das, was mir gefällt.

Wolfgang: Ich wollte zu dem Dekogedanken noch sagen: Wir werden in der Gastronomie überschwemmt mit Dingen, mit denen wir unsere Teller schnell schöner machen können. Man nimmt mal eben eine Blüte, hier noch ein Stiefmütterchen, oder irgendwelche Kressesorten, legt es drauf und es sieht schick aus. Es ist dann leichter in der Hektik. Aber es war für mich eine Maxime für dieses Buch, dass wir dreiunddreißig Rezepte machen, bei denen ich absolut zu dem Geschmack stehen kann. Und nicht ein einziges Blatt oder eine einzige Blüte drin vorkommt, nur um des Dekores willen. Sondern für mich schmecken die alle.

> Seite 84

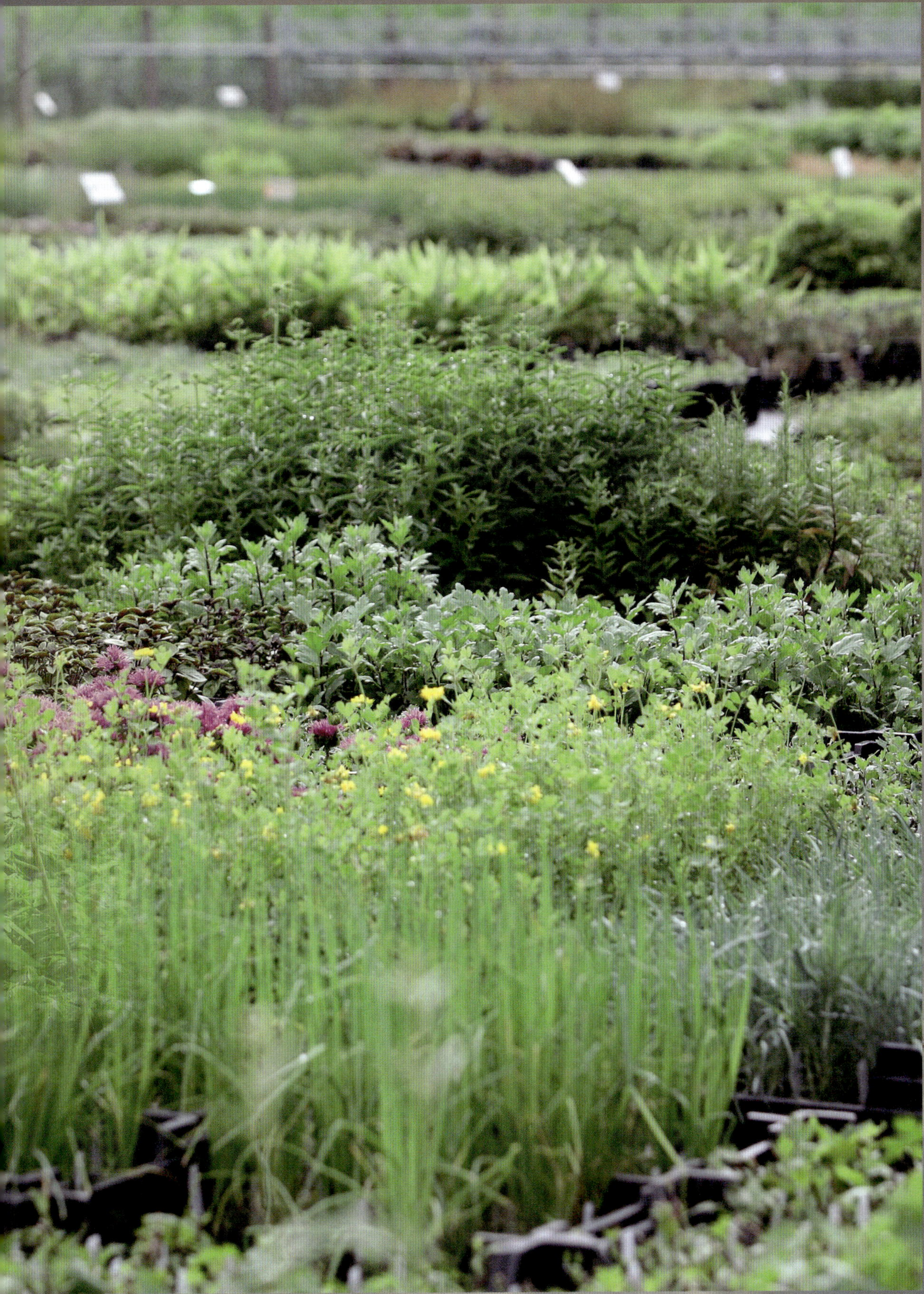

VEGETARISCHES

STECKBRIEF

Botanischer Name:
**Mentha species
„Nemorosa"**
Pflanzenfamilie:
Lippenblütler
(*Lamiaceae*)
Herkunft:
Kuba
Wuchsform:
Staude
Kulturansprüche:
Winterfest
Verwendete Pflanzenteile:
Blätter
Vermehrung:
Teilung, Stecklinge

MOJITO-MINZE

Die Cocktailminze mit dem erfrischenden Aroma.

Die perfekte Minze für den Mojito-Cocktail! Wolfgang hat mir mal einen alkoholfreien Mojito kredenzt. Mit einer doppelten Menge zerdrückter Mojito-Minze war sogar diese Version absolut überzeugend. Es heißt, diese Minze sei auf Kuba im Garten der Lieblingsbar des berühmten Schriftstellers Ernest Hemingway gewachsen. Von dort aus hat sie dann wohl ihren weltweiten Siegeszug angetreten.

Wenn ich sanft über die Blätter streiche, kommt mir ein sehr erfrischender, kopfiger Minzeduft entgegen. Und trotz aller Frische enthält er kaum Menthol, den Duft, an dem wir eine Pfefferminze sofort erkennen würden. Auch in der Farbe kommt diese Minze mit ihren hellgrünen, leicht blasigen Blättern frischer daher als manch andere Minze.

Gerade aber weil dieser Minze das Menthol fehlt, ist sie so vielseitig einsetzbar, nicht nur im berühmten Mojito-Cocktail. Als Tee: superlecker. An Salaten: fruchtige Frische, nur sparsam verwenden, hat große Würzkraft. An Grüner Soße: macht wach.

Die Cocktailminze kann im Garten ausgepflanzt werden, denn sie ist auch voll winterhart. Aber auch in einem genügend großen Topf ist sie leicht zu halten. Vorteil dabei ist, dass Sie auch im Winter frische Minze ernten können. Volle Sonne ist perfekt, da sind Aroma und Wachstum optimal, aber auch im Halbschatten lohnt es sich noch, diese Minze anzubauen. Da sie schnell wächst, sollte ein- bis zweimal im Jahr umgetopft werden. Irgendwann haben Sie natürlich einen Riesentopf – dann trennen Sie ein Stück der Pflanze mit etwas Wurzel und Grün daran ab und pflanzen es etwas tiefer wieder in einen neuen, kleineren Topf.

Ich ernte immer ganze Stängel und lasse nur wenig Laub an der Pflanze stehen. Dadurch wachsen schnell wieder frische, aromatische Stiele nach. Falls mal längere Zeit nicht genügend geerntet wurde, schneide ich die ganze Pflanze so kurz, dass nur noch fünf bis zehn Zentimeter lange Stängelstummel übrig bleiben. Spätestens wenn sich die ersten Blüten zeigen, empfehle ich, die ganze Pflanze herunterzuschneiden, damit wieder frische Minzestängel nachwachsen. Ansonsten wird es eher eine Party für Bienen und Hummeln. Nach zwei bis drei Wochen steht alles wieder da in leuchtendem Grün! Vorausgesetzt, die Erde hat noch genug „Power". Denn alle Minzen wachsen schnell und brauchen daher gelegentlich eine Nachdüngung. Im Garten reicht es meist, regelmäßig etwas Kompost oder organischen Dünger in die oberste Bodenschicht einzuharken. Im Topf sollte alle zwei bis drei Wochen flüssig nachgedüngt werden.

Auch im Garten können Sie selbst bei leichtem Frost noch aromatische Minzestängel ernten. Pflanzen Sie die Mojito-Minze am besten jedes Jahr an einen anderen Platz im Garten. Merke: Eine frische Minze mag auch immer wieder frische Erde. Außerdem ist die Mojito-Minze eine sehr gesunde Minze. Sie bekommt nur selten den sogenannten Minzerost – eine Pilzkrankheit, für die viele andere Minzen anfällig sind.

Die Mojito-Minze lässt sich wie alle anderen sogenannten Edelminzen niemals durch Aussaat vermehren, sondern nur über Teilung oder Stecklinge. Stellen Sie doch mal ein paar Stängel in ein Glas Wasser – nach kurzer Zeit sind Wurzeln gewachsen und Sie können die Stängel einpflanzen.

TOMATEN-CAIPIRINHA & MOJITO

Zutaten
Caipirinha

8 Limonen, gewaschen und klein
geschnitten
5 EL Rohrzucker
Je 4 Zweige Zitronen-Thymian
und Mojito-Minze
Tabasco, Cayennepfeffer, Salz
Pitú Cachaca nach Geschmack
750 ml Tomatensaft
4 Stücke Büffelmozarella, gewürzt,
in Mehl, Ei und Bröseln paniert,
in Fett ausgebacken und
aufgespießt

Mojito

4,5 cl heller Rum
½ Limette
8 Zweige Mojito-Minze
1–2 TL raffinierter Rohrzucker
4 cl Sodawasser oder sehr
kohlensäurehaltiges Mineralwasser
5–6 Eiswürfel
Für die europäische Variante
Crushed Ice statt Eiswürfel

Zubereitung Caipirinha

Die Limonenstücke mit dem Rohrzucker im Mörser zerdrücken, die Kräuter kurz mitstößeln, in eine größere Schüssel füllen. Den Tomatensaft, einen kräftigen Spritzer Pitú, eine Prise Salz, zwei Spritzer Tabasco und etwas Cayennepfeffer zufügen. Zehn Minuten ziehen lassen, abpassieren, dabei gut ausdrücken, nachschmecken und kalt stellen. Gläser zehn Minuten tieffrieren. Die Caipirinha noch einmal abschmecken, in die kalten Gläser füllen und mit Mozarellaspießen garniert servieren.
Eine zusätzliche, „tomatige" Erfrischung erfährt der kleine Drink durch „Crushed Ice" von klarem Tomatensaft. Hierfür friert man den abgetropften und kräftig gewürzten Saft, der beim Rezept „Geeiste Suppe von marinierten Tomaten" auf Seite 53 beschrieben ist, in einem flachen Gefäß ein und schabt dann mit einer Löffelspitze von der gefrorenen Oberfläche Kristalle ab, die man in die fertige Caipirinha gibt.

 Diese kleine Sommererfrischung – mit ausbalancierter Säure und Süße rund und nicht zu alkohollastig abgeschmeckt, verzückt jeden „Erstbenutzer".

Zubereitung Mojito

Eine halbe Limette im Glas auspressen, zwei Minzezweige in das Glas geben, zwei Teelöffel Zucker hinzufügen. Alles mit dem Stößel leicht andrücken, dabei darauf achten, dass die Minzeblätter ihre Form behalten.
Glas zur Hälfte mit Soda füllen und verrühren, sodass der Zucker sich auflöst. Die Eiswürfel ins Glas geben, den Rum hinzufügen. Erneut leicht umrühren und mit Soda auffüllen, mit frischer Minze garniert servieren.

Mit Daniels X-Minze-Sorten könnte man allein ein Kochbuch füllen und sie machen mir großen Spaß. Daher fiel die Auswahl einer einzigen sehr schwer. Besonders angelacht hat mich vom ersten Schnuppern an jedoch die Mojito-Minze – in ihrem Duft ist der Drink schon impliziert –, die Verbindung Limone-Rum-Minze-Aromen machen beim Andrücken eines Blättchens so viel Appetit auf einen kalten Cocktail im beschlagenden Glas mit klirrenden Eiswürfeln, dass ich davon abraten würde, so einen Zweig mitzunehmen zu einem Treffen der Anonymen Alkoholiker.

BASILIKUM

Basilikum ist das Wachstumswunder schlechthin. Bei Ihnen nicht? Stopp! Da läuft was falsch: Checkliste Wärme? Licht? Dünger? Sorte? Blüte? Wasser? Wind? Alles OK?

„Gibt es winterhartes Basilikum?" Ich weiß nicht, wie oft ich dies gefragt worden bin, und meine Antwort lautet meist: „Ja, natürlich – auf Madagaskar!" Auch wenn Basilikum schon zum Kräuterstandardsortiment gehört, ist es noch immer nicht überall angekommen: Basilikum verträgt keinen Frost! Ist es also empfindlich? Nein, nicht unbedingt, es will eben nur richtig warm stehen. Wenn Sie das erst verstanden und umgesetzt haben, werden Sie bemerken, dass es kaum ein Kraut gibt, das noch schneller wächst.

Wir alle kennen das Basilikum aus dem Supermarkt. Hellgrüne, lasche Blätter an weichen Stängeln mit wenig Aroma. Das ist in 99 Prozent der Fälle das sogenannte Genoveser Basilikum, und dies wurde in der Gegend um Genua gezüchtet. Dabei gibt es so viele geschmackvolle andere Sorten! Eines meiner Lieblinge ist unsere eigene Züchtung „Wildes Purpur". Es kann ein bis zu einem Meter hoher und breiter Strauch werden, hat schöne rotgrün marmorierte Blätter mit purpurfarbenen Blattunterseiten, ist mehrjährig und verfügt über ein intensives, pfeffriges Basilikumaroma. Und es ist weniger temperaturempfindlich.

Diese Sorte plus einer Handvoll anderer kann man tatsächlich ab Mitte Mai mit begründeter Hoffnung in den Garten setzen. Es wächst sogar noch in einem kalten, verregneten Sommer im Norden Deutschlands. Ich muss es auch hier noch mal sagen: vorausgesetzt, es findet genügend Futter im Boden.

Basilikum mag volle Sonne und leidet an einem windigen Standort, aber das Wichtigste ist Wärme. Tropische Wärme am liebsten, denn die Heimat aller Basilikumvorfahren ist Indien und Südostasien.

Bei den blühenden Sorten sollten die Blütenknospen laufend herausgeschnitten werden. Dadurch wird die Blattbildung angeregt – andernfalls geht alle Energie in die Blütenbildung.

Es gibt blühende und wenig bis gar nicht blühende Sorten. Bei Letzteren ist es richtig klasse, wenn Sie nach dem Urlaub in den Garten gehen und statt einem Blütenbusch immer noch weiche, zarte Blatttriebe ernten können.

Basilikum passt nicht nur auf Tomate-Mozzarella, sondern auch an alles, was eine herzhafte Note verträgt. Es passt zu Fisch, Kräuterquark, Pilzen, Fleischsalat und vielem anderen. Süßspeisen und süße Mixgetränke bekommen eine warme, exotische Note. Kochen Sie es niemals mit, sondern geben Sie es immer erst zum Schluss ans Essen, und dann nur grob gehackt oder gezupft.

Basilikum schmeckt sogar als Kräutertee aufgegossen. Selbstgemachtes Pesto von intensiven Sorten wie etwa „Zyprisches Strauchbasilikum" ist unwiderstehlich. Pestos im Handel werden dagegen oft mit Spinat gestreckt. Auch das empfinde ich als Angriff auf den Platz, dem Basilikum in der Kräuterwelt gebührt: ganz weit oben!

Einige Sorten:

- „Zanzibar": erfrischende Anisnoten, mit Kümmelnote.
- „Pesto Perpetuo": Strauchbasilikum mit weiß panaschierten Blättern. Leichter zu kultivieren, mit grünen Blättern, ist das „Russische Strauchbasilikum", mit ebenso intensivem Aroma.
- „Rotes Buschbasilikum": wunderschöne Sorte mit akzentuiertem, herb-würzigem Aroma.

Außerdem gibt es unzählige Sorten mit verschiedensten Aromen: Zitrone, Zimt, Nelken, Lakritz …

Überwintern ist bei Basilikum generell schwierig, je nach Sorte. Versuchen Sie es mit den Robustesten. Das Problem ist dabei die Mischung von „Basilikum will schnell wachsen" plus „wenig Licht im Winter". Das Resultat sind weiche, schwache, langstängelige, vergeilte Pflanzen, die schon zu Weihnachten nicht mehr schön aussehen. Mein Tipp: Machen Sie laufend Wasserglasstecklinge im Winter und stellen Sie Ihr Basilikum etwas kühler; bis +15 °C kühl halten es einige im Winter aus. Grämen Sie sich nicht, falls es mal nicht klappt. Basilikum zu überwintern ist eine hohe Kunst.

STECKBRIEF

Botanischer Name:

Ocimum

Pflanzenfamilie:

Lippenblütler
(*Lamiaceae*)

Herkunft:

Tropisches Asien

Wuchsform:

Strauch

Kulturansprüche:

Mindestens 15 °C

Verwendete Pflanzenteile:

Blätter, Blüten, Kelche

Vermehrung:

Aussaat, Stecklinge

GEEISTE *SUPPE*
VON MARINIERTEN TOMATEN MIT **BASILIKUM-SORTEN** & AVOCADO-FRENCH-TOAST

1 >

Zutaten
Suppe, einfache Variante
4 vollreife, aromatische Fleischtomaten, den Strunk entfernt, in haselnussgroße Stücke geschnitten
1 Msp. gehackter Knoblauch
Salz, Zucker, Pfeffer nach Geschmack
1 Spritzer Balsamico
4 EL hochwertiges Olivenöl
Basilikumblätter und -spitzen zur Garnitur; schön wären zum Beispiel: „Rotes Busch-Basilikum", „Wildes Rotes Basilikum", Basilikum „Zanzibar", Basilikum „Pesto Perpetuo"

Suppe, verfeinerte Variante
Etwas aufwendiger – hier wird der Tomatengeschmack noch verstärkt, indem man eine klare Tomatenessenz (Bouillon) zur Suppe dazugibt.
750 g reife Fleischtomaten
5 Basilikumblätter
Je 1 EL Estragon- und Korianderblätter
Je 1 TL Rosmarinnadeln und Thymianblättchen
1 TL Zucker
1 TL weißer ganzer Pfeffer
10 ml Weißweinessig
Salz
1 Spritzer Gin

Zubereitung am Vortag
Für die Bouillon die Tomaten grob schneiden, mit Essig, Gin und Kräutern mixen, leicht salzen, den angedrückten weißen Pfeffer zufügen und das Ganze über Nacht in einem Tuch über einer Schüssel aufhängen.
Am nächsten Tag den abgelaufenen klaren Saft leicht nachschmecken und kalt stellen.

Zubereitung Suppe
Knoblauch mit Salz zerdrücken. Die geschnittenen Tomaten mit etwas Bouillon, Salz, Zucker, Pfeffer, dem Knoblauch-Salz-Gemisch, einem kleinen Spritzer Balsamico, Olivenöl und Basilikumblättern lecker abschmecken und für zehn Minuten kalt stellen. In gefrostete Suppenteller oder Gläser füllen und mit Basilikum und einem Faden Olivenöl garniert servieren.
Bei der einfacheren Variante entfällt die Zugabe der Bouillon – durch das Marinieren lassen die Tomaten genug Flüssigkeit, um eine Suppe entstehen zu lassen.

" Diese Suppe ist in der einfachen Version blitzschnell hergestellt, billig, äußerst erfrischend und kommt bei allen Menschen, die Tomaten mögen (und das sind ziemlich viele!), bombig an. Die allseits bekannte Kombination Tomate–Basilikum bekommt durch die schönen Basilikumsorten von Daniel neue Aspekte und erfährt zudem eine große geschmackliche wie optische Aufwertung. Und noch schöner wird es, wenn Sie sich zur Saison im Juli/August um *bunte*, vollreife Tomaten bemühen, so wie das Foto es zeigt.
Ach ja: Und bitte verderben Sie diese schlichte kleine Schönheit, die aus so wenigen Zutaten besteht, nicht durch die Verwendung eines billigen, ausdrucksarmen Olivenöls.

Zutaten
Avocado-French-Toast
für 8 Personen

2 vollreife Avocados
2 EL Oliven-Tapenade
2 Scheiben Bergkäse oder
Cheddar
8 Scheiben Toast
2 Eier, verquirlt mit 4 EL Milch
und 1 EL geriebenem Parmesan
Olivenöl
Meersalz
Neutrales Pflanzenöl zum
Ausbacken

Zubereitung Oliven-Tapenade

50 g geröstete Pinienkerne, 150 g schwarze Oliven ohne Kern und 5 Esslöffel hochwertiges Olivenöl in einen Mixer füllen und zu einer Paste mischen; mit Salz und Pfeffer abschmecken – je nach Geschmack. Nach Belieben noch mit frisch gehackten Kräutern oder auch zwei Sardellen verfeinern.

Zubereitung Avocado-French-Toast

Die Avocados schälen, entkernen und mit einer Gabel zerdrücken, mit Olivenöl und Meersalz abschmecken.

Vier Toastscheiben mit der Avocadomasse, die anderen vier Scheiben mit der Tapenade bestreichen. Die Käsescheiben auf zwei Tapenadetoasts legen. Die beiden übrigen Tapenadetoasts wie ein Sandwich belegen. Diese zwei Sandwiches auf jeweils eine Scheibe Avocadotoast legen. Darauf die beiden verbleibenden Avocadotoasts legen.

Wir haben jetzt also im Querschnitt: Toast–Avocado–Toast–Tapenade–Käse–Tapenade–Toast–Avocado–Toast. Diese dicken Sandwiches von oben halbieren, die Hälften in dem Ei-Milch-Parmesan-Gemisch wenden und in neutralem Pflanzenöl in der Pfanne wie ein Schnitzel ausbacken. Aus der Pfanne nehmen, abtupfen, halbieren (damit die schöne Schichtung sichtbar wird) und zur Tomatensuppe servieren.

KNOBLAUCHWEIN

**Vieles steht hier in der Gärtnerei seit Jahrzehnten und wächst so vor sich hin ...
– und manchmal gibt es unverhoffte Entdeckungen. So auch hier.**

Wir hatten vor etwa neun Jahren einige Exemplare in den offenen Boden gepflanzt und damit eine kleine Pergola berankt. Doch wir wussten nicht, welch kulinarischer Genuss uns da bisher entgangen war. Eines Tages probierte ich einfach mal eine der flauschigen Blüten – und war begeistert! Ganz zart im Mund und von allerfeinstem Knoblaucharoma.

Gott sei Dank duften die Blätter und Blüten nur, wenn man sie zerreißt oder zerschneidet. Und bald fing ich an zu experimentieren: Ich streute die Blüten und Knospen (ohne Kelche) auf Kohlrabischeiben und auf Salate, probierte sie zwischen Sandwichscheiben. Immer lecker! Auch Wolfgang war vom ersten Moment an begeistert.

Nähert man sich den bis zu zehn Zentimeter großen Blüten, nimmt man erst einmal nur einen zarten blumigen Duft wahr. Diese genügsame Schlingpflanze aus dem tropischen Regenwald Perus kommt – vorausgesetzt, man schützt sie vor Frost – auch in unseren Breitengraden gut zurecht. Also, wenn man sie als Zimmer- oder Gewächshauspflanze kultiviert. Knoblauchwein kann Temperaturen von kalt bis sehr warm vertragen, wächst jedoch am besten bei Zimmertemperatur oder wärmer. Was die Kultur dieser verholzenden Rankpflanze einfach macht, ist erstens, dass sie von Vollschatten bis Vollsonne alles erträgt, und zweitens auch mit der niedrigen Luftfeuchte, die im Winter besonders in Wohnräumen vorkommt, gut klarkommt. Auch wenn die Pflanze mit wirklich wenig Licht auskommt: Im Sinne einer reichen Ernte und einem zufriedenstellenden Wachstum sollten Sie ihr, wenn möglich, einen sonnigen Platz geben.

Traditionell wird Knoblauchwein hauptsächlich als Medizin verwendet, aber in einigen Gegenden dienen die ledrigen Blätter auch als Ersatz für Knoblauch. Wegen der starken schwefelhaltigen Verbindungen wird Knoblauchwein, ähnlich wie auch Knoblauch selbst, als Heilmittel eingesetzt. In Südamerika kennt man die Verwendung als Mittel gegen Rheuma, Arthritis, Erkältungen, Schmerzen; es wirkt blutdrucksenkend und gilt darüber hinaus sogar als wichtige Zutat zum berühmten Schamanentrunk Ayahuasca.

Das Vermehren geht über halbweiche Stecklinge oder auch aus Samen, die nach der Blüte reichlich heranreifen. Es braucht aber schon ein paar Jahre, bis die ersten Blüten kommen. Danach blüht die Pflanze aber jedes Jahr ohne Unterlass, von Juli bis in den Frühherbst hinein.

Der Knoblauchwein ist kein schnell wachsendes Küchenkraut. Ein Vorteil ist, dass zumindest die würzigen Blätter das ganze Jahr über zur Verfügung stehen. Ernten Sie die Knospen oder Blüten bald. Denn schon ein paar heiße Wochen im Sommer – und es ist vorbei. Mit dem Rückschnitt warten Sie besser bis zum Oktober, denn gerade an den abgeblühten Zweigen bilden sich nach kurzer Zeit oft neue Knospen an denselben Stängeln. Warten Sie bei älteren Pflanzen die nächste Blütenwelle ab, die einige Wochen später erfolgt. Wenn Sie nicht darauf versessen sind, Samen zu ernten, um ihre Freunde damit zu beglücken, sollten Sie die welken Blüten entfernen, das fördert eine neue Blütenbildung. Die amethystfarbenen Knospen haben eine sehr kräftige Farbe, die sich auch noch hält, wenn sie aufgehen. Im Laufe weniger Tage bekommen die Blüten dann einen immer zarteren Rosaton. In jedem Stadium sind die Blüten und Knospen gut für die Küche geeignet. Verwenden Sie immer nur die Blüten ohne Kelch. Der hat zwar auch das knofelige Aroma, ist aber für die Küche zu zäh.

Diese wunderschöne zarte Blütenschönheit ist verwandt mit der bekannten Klettertrompete (*Campsis radicans*). In tropischen Ländern findet diese unkomplizierte Art viel Verwendung in Gartenanlagen – nicht aus kulinarischen Aspekten, sondern wegen ihrer überbordenden Blütenfülle.

STECKBRIEF

Botanischer Name:
Mansoa alliacea
Pflanzenfamilie:
Trompetenbaumgewächs
(***Bignoniaceae***)
Herkunft:
Peruanischer Regenwald
Wuchsform:
Verholzende
Schlingpflanze, mehrjährig
Kulturansprüche:
Frostfrei
Verwendete Pflanzenteile:
Blüten, Knospen, Blätter
Vermehrung:
Stecklinge, Aussaat

ROSMARIN-CRACKER
MIT FRISCHKÄSE-DIP & **KNOBLAUCHWEIN-BLÜTEN**

Zutaten
Teig
60 g Mehl
60 g Parmesan
3 EL gehackte Rosmarinnadeln
(zum Beispiel vom Rosmarin „Arp")
45 g kalte Butterwürfel
Salz
Cayennepfeffer

Belag
100 g Cantadou- oder
Philadelphia- oder anderer
Frischkäse
Knoblauchweinblüten
2 kleine Stangen Lauchzwiebeln
oder gehackte Kräuter nach
Belieben
Salz und Pfeffer

Zubereitung Teig
Mehl, Parmesan, gehackte Rosmarinnadeln, Butterwürfel, Salz und Cayennepfeffer in der Küchenmaschine oder mit den Händen zu einem glatten Teig verkneten.
Teig auf einer bemehlten Arbeitsfläche 0,3 Zentimeter dick ausrollen und 40 Plätzchen ausstechen. Die Plätzchen auf Blechen, die mit Backpapier oder einer Silikonbackmatte ausgelegt wurden, 30 Minuten kalt stellen.
Dann in dem auf 180 °C vorgeheizten Ofen circa acht Minuten goldbraun backen.
Auf einem Gitter ganz auskühlen lassen, dann erst belegen.

Zubereitung Belag
Cantadou- oder Philadelphia- oder anderer Frischkäse vermischt mit fein geschnittenen Knoblauchweinblüten, Lauchzwiebeln (in feine Röllchen geschnitten) oder gehackten Kräutern mit Salz und Pfeffer abschmecken.
Diese Masse auf die Cracker streichen oder in einen Spritzbeutel füllen und aufdressieren. Garniert wird der Taler mit jeweils einer Blüte oder einem Teelöffel geschnittener Blütenblätter vom Knoblauchwein.

Varianten: Unter den Teig kann man alles Mögliche mischen und erhält aus derselben Masse verschiedene Variationen: gehackte Oliven, geschrotete Pfeffersorten, Mohn, Sesam, Selleriesaat, Curry, Pimentón de la Vera oder ein Püree aus Petersilie und Spinat ... So kann man mit der Herstellung eines einzigen Teigs die Gäste erfreuen: mit verschiedenen Spielarten, vielleicht dann auch mit unterschiedlichen Belägen. Und: Mürbeteig- oder „Sandteig"-Rezepte gibt es wie Sand am Meer – dieser hier hat allein schon wegen seines Parmesananteils einen großen geschmacklichen Vorsprung.
Und die Knoblauchweinblüte sieht in allen Phasen von der Knospe bis zur vollen Blüte spektakulär aus und verblüfft durch ihren „Knoblauch-light"-Geschmack.
Bei der Fotoproduktion vom Rosmarin-Cracker hielten wir zur Kräftigung ein paar superintensive Käsesorten bereit, alle vor Reife am Laufen, die wir nach getaner Arbeit weggeputzt haben. Und was passierte? Der dazu getrunkene Chianti „Classico Riserva" kam gegen die Käsepower nicht an, aber wir entdeckten, dass es *erfrischend* war, jeweils zwischen diesen Käsemonstern eine Blüte zu essen. Klingt unglaublich? Ausprobieren!

STECKBRIEF

Botanischer Name:
Mertensia maritima
Pflanzenfamilie:
Borretschgewächs
(*Boraginaceae*)
Herkunft:
Küsten Schottlands
Wuchsform:
Kriechende Staude
Kulturansprüche:
**Winterhart,
nährstoffhungrig**
Verwendete Pflanzenteile:
Blätter, Stängel, Blüten
Vermehrung:
**Aussaat, Stecklinge,
Teilung**

AUSTERNPFLANZE

Jeder, der Austern kennt, wird ungläubig die Augen verdrehen, wenn er mal die Blätter pur probiert: „Tatsächlich, schmeckt echt nach Austern!"

Was einzig fehlt, ist das glibberige Gefühl im Schlund, aber darauf können, glaube ich, viele verzichten. Ich esse die Blätter am liebsten pur und roh, auch mit einem Klecks Frischkäse, oder an Salaten und auf Brot.

Ab und zu muss jeder mal seine eigenen Erfahrungen machen. So auch hier: Wolfgang fantasierte neulich, dass er unbedingt mal Austernpflanzenblätter im Mixer zerkleinern wolle und dann damit in der Küche was machen möchte. Ich sagte ihm gleich: „Vergiss es, das wird nicht schmecken." Und so war es dann auch. Nach Wolfgangs Worten: „Unbeschreiblich scheußlich im Geschmack." Also genießen wir doch die zarten Blätter weiterhin lieber im Ganzen oder nur wenig zerkleinert.

Das kleine, kriechende Gewächs ist heimisch an den Küsten Schottlands. Aber es kommt durchaus auch ohne Meerwasser aus. Vergessen Sie das Märchen von „Kräuter brauchen einen mageren Boden". Dieses Kraut lehrt uns etwas anderes. Viel, viel organischen Dünger oder, noch besser, regelmäßige üppige Kompostgaben, vielleicht noch mit einem stickstoffbetonten Dünger ergänzt, sind genau das Richtige für diesen Fresssack. Auf magerem Boden werden Sie feststellen, dass die Pflanze eher rückwärts wächst. Unglaublich, dass eine so zartblättrige, weichstängelige Pflanze winterhart ist. Aber ja, sie ist in Deutschland vollkommen winterhart.

Damit die weichen Zweige mit den Blättern nicht direkt auf dem Boden liegen, ist es sinnvoll, mit Grasschnitt oder Ähnlichem zu mulchen, dann knirscht es nachher weniger zwischen den Zähnen. Im Sommer erscheinen die leuchtend himmelblauen Blüten, die gern von Bienen und Hummeln besucht werden. Dann hört allerdings auch das Wachstum auf, nach der Devise: „Für Nachwuchs (Samenbildung) ist gesorgt, also Auftrag erfüllt." Bei Ihrem Eingriff in die Natur durch fortlaufende Ernte oder Rückschnitt wachsen aber bis zum Herbst immer wieder Blätter nach. Ernten Sie auch hier immer ganze Zweige, Sie können diese bis auf zwei bis fünf Zentimeter über dem Boden abschneiden.

Falls Sie Borretsch vom Geschmack her wohl mögen, aber die behaarten Blätter Sie bisher abgeschreckt haben: Wenn Sie mal genau hinschmecken – Austernpflanzenblätter haben auch eine deutliche Borretschnote, es kommt ja auch aus derselben Pflanzenfamilie.

Achtung, Schneckenalarm! Natürlich ist alles, was zart und lecker ist, prinzipiell schneckenfraßgefährdet. So auch hier, leider.

Im Frühjahr traut sich die Austernpflanze sehr früh aus dem Boden, manchmal reichen schon ein paar warme Tage im Januar. Genießen Sie diesen Willkommensgruß des neuen Jahres rechtzeitig, denn der nächste Frost killt auch das zarte Grün ganz schnell wieder. Das Spielchen mit Austreiben – Abfrieren – Austreiben kann eine Weile weitergehen, bis dann die nur noch leichten Fröste ohne Blattverlust überstanden werden und die Pflanze richtig loswächst, so ab April. Für Vermehrung sorgt die Pflanze oft selbst, indem sie sich selbst aussät. Dafür muss man einfach ein paar Zweige ausblühen lassen. Im März oder April können Sie schon an der eisblauen Farbe den Sämlingen ansehen, dass es sich – ausnahmsweise – nicht um Unkraut handelt. Im Jungstadium, je kleiner, desto besser, lassen sich diese auch gut verpflanzen. Am besten weit weg von der Mutterpflanze, damit sie sich voll entwickeln können. Hier in der Gärtnerei vermehren wir die Pflanzen durch Kopfstecklinge, das geht auch.

AUSTERNPFLANZE AUF *RÖSTBROT*

Zutaten

Beliebige leckere Brotsorten, zum Beispiel kräftiges Sauerteigbrot, Leinsamenbrot ...
Gute französische Salzbutter (oder Butter, die man sich selbst mit grobem Meersalz abschmeckt)
Austernpflanzenblätter und -blüten
Algensalz von BOS-FOOD
Mengenangaben hierbei: so viel man will, pro Stück Brot allerdings 2 Austernpflanzenblätter

Zubereitung

Brote in Scheiben aufschneiden, diese eventuell halbieren, vielleicht eine Sorte leicht antoasten. Butter rechtzeitig aus dem Kühlschrank nehmen, Austernpflanzenblätter und -blüten und Algensalz in Schälchen dazustellen und mit einem eiskalten, trockenen französischen Weißwein verspeisen.
Nach einem Biss und einem Schluck bekommt man Sehnsucht nach dem Meer; nach zwei Scheiben Brot und drei Gläsern Wein wähnt man sich in der Bretagne ...

" Die Austernpflanze war sozusagen ein Willkommensgruß von Daniel an mich, als wir uns vor 23 Jahren in der Gärtnerei kennengelernt haben. Ich hatte von dem sukkulenten, schottischen Strandkraut gelesen, aber damals in Horstedt hat Daniel mir dieses spektakuläre Pflänzchen das erste Mal in den Mund gesteckt: Beim Draufbeißen wird der Mund erfüllt von hundertprozentigem Austerngeschmack – Austerngenuss vegetarisch und ohne Glibber – verblüfft *jeden*.

CONGONA

Die fleischigen Blätter gelten als der „Zimt der Kanaren".

Fast könnte man meinen, es sei eine Art Geldbaum: glatte, fleischige, rund ovale Blätter an einem dicken sukkulenten Stiel.

Die Blätter haben ein Anis- und Zimtaroma. Wenn man sie in den Mund nimmt, bemerkt man beim ersten Biss einen leicht scharfen Geschmack. Kein Wunder, denn die Pflanze ist verwandt mit dem Echten Pfeffer (*Piper nigrum*). Und als Peperomie hat sie auch noch viele andere verwandte Blattschönheiten, die als Zierpflanzen im Handel sind.

Congona kommt ursprünglich aus Südamerika und ist auf dieser Seite des Atlantiks eigentlich nur auf den Kanarischen Inseln seit längerer Zeit bekannt.

Sie ist dort gelegentlich als Kübelpflanze auf Terrassen und Balkonen zu sehen. Die schöne Pflanze heißt auf den Märkten von Gran Canaria einfach nur „Canelo", also Zimt – wegen ihres Aromas. Der echte Zimt wird jedoch von einer ganz anderen Pflanze gewonnen, dem Zimtbaum.

Mit den dicken glänzenden Blättern werden Fleischgerichte und Risotto, aber auch Süßspeisen wie zum Beispiel Milchreis gewürzt. In Südamerika kennt man die Pflanze außer als Heilkraut auch als Aromaspender in alkoholischen Getränken.

Es ist eine leicht zu haltende Topfpflanze, die ihre saftigen Stängel geradewegs senkrecht zum Himmel treibt. Für ein schönes buschiges Wachstum sollten die Triebe daher öfter geerntet oder zurückgeschnitten werden. Die Pflanzen vertragen keinen Frost, sind aber pflegeleicht zu überwintern an einem sonnigen Fensterbrett. Im Sommer ist sie auch mit Halbschatten zufrieden. Besonders schnell wächst sie nicht, aber dafür braucht man ja auch nur wenige der würzkräftigen Blätter, um Gerichte zu verfeinern.

STECKBRIEF

Botanischer Name:

Peperomia inaequalifolia

Pflanzenfamilie:

Pfeffergewächs
(*Piperaceae*)

Herkunft:

Südamerika

Wuchsform:

Halbstrauch

Kulturansprüche:

Mindestens 15 °C

Verwendete Pflanzenteile:

Blätter

Vermehrung:

Stecklinge im Winter

VENEZIANISCHER *RISOTTO* „GIALLO"
MIT GELBEN MÖHREN, MAIS, GELBER BETE, EIGELB & **CONGONA**

Zutaten
Risotto

6 EL Risottoreis
1 EL Zwiebel, in Würfel geschnitten
1 Zweig Rosmarin
1 Prise Zimtpulver
1 Zehe Knoblauch
100 ml Weißwein
500 ml Gemüsebrühe
1 EL Schlagsahne
3 EL geriebener Parmesan
1 EL kalte Butter
Olivenöl
Gezupfte Blättchen von 8 Stielen Congona, die Stiele aufbewahrt

Gemüse

4 EL Mais (kurz in Butter angeschwitzt, mit Salz und Zucker gewürzt)
1 Gelbe Bete (geschält, in Würfel geschnitten, knackig gegart und gewürzt mit 1 Spritzer weißem Balsamico und Piment d'Espelette)
1 gelbe Möhre (geschält, in Würfel geschnitten und knackig gedünstet in Butter und Orangensaft)
4 Bioeigelb (in 4 kleinen Gläschen, jeweils mit Olivenöl bedeckt, 10 Min. lang bei 90 °C im Umluftofen gegart)

Garnitur

Blüten vom Gelben Salbei,
1 EL Blättchen vom Goldmajoran
Parmesan, gehobelt

Zubereitung

Für den Risotto Zwiebeln, Knoblauch, Congona-Stiele, eine Prise Zimt und Rosmarin in wenig Butter und einem Spritzer Olivenöl anschwitzen; Reis kurz mitschwitzen, leicht salzen, mit Weißwein ablöschen, einkochen und 300 Milliliter Gemüsebrühe angießen. Unter Rühren aufkochen und acht Minuten kochen lassen.
Auf ein vorgekühltes Blech streichen, Rosmarin und Congona-Stiele entfernen.

Servieren

Alle vorbereiteten gelben Gemüse miteinander anschwitzen und nachwürzen. Eigelbe nochmals für drei Minuten in ihren Olivenölgläschen bei 90 °C erwärmen. Risotto mit wenig Brühe erhitzen, Gemüse unterrühren, mit geschlagener Sahne, geriebenem Parmesan, frisch gehackten Congona-Blättern und kalten Butterwürfeln vollenden, eventuell nachwürzen und auf vier Teller verteilen.
Eigelbe aus den Gläschen auf eine Schaumkelle geben (dadurch tropft das Öl ab), in die Mitte des Risottos platzieren und leicht salzen.
Mit den Blüten vom Gelben Salbei, Goldmajoranblättern und Parmesanhobeln bestreut servieren.

In der Küche des Veneto gibt es die Tradition, den Risotto mit einer Spur Zimt zu würzen, ganz dezent, ohne dass das Ergebnis nach weihnachtlichem Zimt-milchreis schmeckt. Daran habe ich mich sofort erinnert, als Daniel mir das erste Mal Congona präsentierte, und ich war gespannt darauf, wie das Kraut seine Zimtnote an den Reis abgibt – und bin nun sehr entzückt über das Resultat.
Ein Tipp für das Risotto-Kochen: Man muss nicht 20 Minuten am Herd stehen und rühren (während am Tisch die Gäste warten), sondern kann, wie im Rezept beschrieben, die Garzeit aufsplitten.

WILDKRESSE

Selbst in heimischer Natur findet man noch neue kulinarische Schätze.

Es hat mir sehr geholfen, dass ich unvoreingenommen, nur mit meiner Intuition und meinen Sinnen ausgestattet, diese Pflanze kennenlernte. Hätte ich mich auf die Beschreibungen in der Literatur verlassen, wäre ich nie in den Genuss dieser heimischen Kräuterspezialität gekommen. „Bitteres Schaumkraut" ist nämlich der offizielle, abschreckende Name, der jegliches Verlangen nach weiteren Nachforschungen sofort im Keim erstickt hätte. Aber zum Glück war ich noch ahnungslos, als ich dieses schmackhafte Wild- und Würzkraut kennenlernte. Wie nebenbei entdeckte ich es bei einem Spaziergang an einem See zwischen Bremen und Hamburg. Wie so oft, wenn ich in der Natur bin, werden meine Schritte wie von magischer Hand geleitet. Erst dann wurde ich gewahr: „Oh, ein neues, unbekanntes Kraut! Ein Kreuzblütler, ganz klar. Mal ein Blatt probieren. Köstlich! Sieht fast aus wie Brunnenkresse, aber der Geschmack ist anders, etwa wie die einjährige Gartenkresse, aber viel intensiver!" Erst nach einigen Recherchen fand ich die botanische Bezeichnung heraus. Seitdem vermehren wir das Kraut in der Gärtnerei. Zum Glück musste ich keinen neuen deutschen Namen erfinden, sondern fand heraus, dass die freundlichere Bezeichnung „Wildkresse" in der älteren Literatur auch schon existierte.

Zur Hochform läuft die Wildkresse bei eher kühlen Temperaturen wie im Herbst oder Frühjahr auf, dann sind alle Pflanzenteile zart, und man kann auch die Stängel ohne Weiteres mitessen. Sie passt überall daran, wo wir die normale Gartenkresse nehmen würden, aber wie gesagt, ist sie mit mehr Würze ausgestattet. Außerdem wächst sie ausdauernd, sofern man ihr ein geeignetes Plätzchen im Garten anbietet. Als Sumpfpflanze gedeiht sie hervorragend am Teichrand. Kürzlich habe ich üppige Bestände in einem Vorgarten im Harz gesehen an einem künstlichen Bachlauf. Das schien optimal. Ich weiß nicht, ob die Bewohner wissen, welchen kulinarischen Schatz sie da in ihrem Garten beherbergen. Vielleicht gilt sie dort auch als Unkraut und die Menschen ärgern sich jedes Jahr darüber, wer weiß.

Sollten Sie keinen Teich besitzen, versuchen sie es doch mal in einem Topf, der im Wasser steht, oder in einer großen Schale, die kein Abzugsloch hat. Diese Kresse wächst auch noch gut im Halbschatten, im Sommer gibt es eine Schwächelphase, wenn es richtig heiß wird, doch sobald es kühler wird, erholt sie sich schnell wieder. Dieses Kraut ist enorm wüchsig und sollte bereits nach ein bis zwei Wochen wieder neu geerntet werden können. Falls Sie feststellen, dass das nicht so ist, könnte es an fehlenden Nährstoffen im Wasser oder in der Erde liegen. „Je schneller (… etwas wächst), desto mehr Futter" – um es auf eine einfache Formel zu bringen.

Im Sommer blüht die Wildkresse mit zarten cremeweißen Blüten, die auch gern in den Salat wandern können. Für eine laufende Blatternte ist es aber sinnvoll, die Blütenstängel zu entfernen, die Kraft geht dann mehr in die Blattbildung. Die Vermehrung geht ganz einfach. Die Pflanzen bilden überall, wo sie feuchte Erde berühren, sofort Wurzeln aus. Schneiden Sie einen zehn Zentimeter langen Trieb mit Blättern und ein paar Wurzeln ab und verpflanzen Sie ihn an eine nährstoffreiche, nasse Stelle. Fertig!

Übrigens: Bitter schmeckt diese Kresse höchstens, wenn sie im Stress ist – bei Hitze, zu knalliger Sonne und zu wenig Wasser.

STECKBRIEF

Botanischer Name:
Cardamine amara
Pflanzenfamilie:
Kreuzblütler
(**Brassicaceae**)
Herkunft:
Deutschland, Mitteleuropa
Wuchsform:
Staude
Kulturansprüche:
Uferrandpflanze
Verwendete Pflanzenteile:
**Blätter, Triebspitzen,
Blüten**
Vermehrung:
**Teilung, Stecklinge,
Aussaat**

PIMENTÓN-MANCHEGO-REIS
MIT SPARGEL, SCHALOTTEN, APRIKOSE, **WILDKRESSE** & DUNKLER KAPUZINERKRESSE

Zutaten

6 EL spanischer Bomba-Reis oder italienischer Risotto-Reis „Canaroli"
2 Schalotten, geschält und in Würfel geschnitten
½ TL gehackter Knoblauch
1 Glas Weißwein
3 EL Butter
Olivenöl
Ca. 500 ml Gemüse- oder Hühnerbrühe
4 EL frisch geriebener Manchego-Käse
4 Schalotten, geschält und in Ringe geschnitten
2 Aprikosen, in 12 Segmente geschnitten
6 Aprikosen, mit Zucker, Zitronensaft, etwas Orangensaft und 1 Spritzer Apricot-Brandy weich gekocht, püriert, passiert
50 g ganze Räuchermandeln
12 Kirschtomaten, halbiert und bei 70 °C getrocknet
Blanchierte grüne oder weiße Spargelspitzen, angemacht mit Zucker, Zitrone, Salz
Die Blätter von 12 Stängeln Wildkresse
12 Blüten von der Kapuzinerkresse „Red Wonder"
Tapenade aus schwarzen Oliven, siehe Seite 55
Pimentón de la Vera, scharf
Optional 12 kleine Scheiben Ibéricoschinken oder ersatzweise Parmaschinken

Zubereitung

Alle Zutaten richten, wie links beschrieben.

Den Bomba-Reis zubereiten wie einen Risotto: Schalottenwürfel und Knoblauch anschwitzen, Reis mitschwitzen, leicht salzen und mit Weißwein ablöschen. Einkochen lassen und unter Rühren die Hälfte der Gemüsebrühe angießen, aufkochen und sieben Minuten köcheln lassen. Zum Unterbrechen des Garprozesses auf ein vorgekühltes Blech streichen.

Die Schalottenringe in Olivenöl kurz anbraten, mit Salz und Zucker würzen und mit wenig Wasser gar schmoren.

Servieren

Reis mit der restlichen Brühe fertig quellen lassen, Butter einschwenken. Am Schluss kräftig schwenkend den Manchego-Käse unterheben, damit der Reis schön cremig wird. Nachschmecken und flach auf Teller streichen.

Darauf dekorativ Schalottenringe, Aprikosen, Aprikosenmark, Mandeln und Wildkresse anrichten. Temperierte Spargelspitzen und Oliven-Tapenade als Nockerln dazusetzen. Nicht-Vegetarier garnieren den Reis zusätzlich mit kleinen Schinkenscheiben oder wickeln die Spargelspitzen damit ein. Vorsichtig mit Pimentón de la Vera bestreuen; mit einem Faden Olivenöl beträufelt und mit Kapuzinerkresseblüten bestreut servieren.

" Sieht sehr, sehr attraktiv aus und ist abwechslungsreich zu essen: Mit jeder Gabel bekommt man unterschiedliche Geschmacksrichtungen und Konsistenzen in den Mund; das macht Spaß, überrascht und lässt sich beliebig variieren.

STECKBRIEF

Botanischer Name:
Paederia lanuginosa
Pflanzenfamilie:
Rötegewächs
(Rubiaceae)
Herkunft:
Vietnam, Laos
Wuchsform:
Schlingpflanze
Kulturansprüche:
Mindestens 15 °C
Verwendete Pflanzenteile:
Blätter, Triebspitzen
Vermehrung:
Stecklinge

LÁ MƠ LÔNG

Lá Mơ Lông schmeckt wirklich lecker, wenn Sie es erst gedanklich richtig zugeordnet haben.

Nein, ich werde Ihnen jetzt nicht die gängige deutsche Bezeichnung für die botanische Gattung *Paederia* liefern. Es ist eine jener Pflanzen, bei denen es darauf ankommt, was man denkt, *bevor* man es riecht. Ich schlage vor, Sie denken jetzt an Rettich. Oder an Senf.

Es ist immer eine Frage der Dosis, ob wir ein Aroma als angenehm oder störend empfinden. Erst in konzentrierter Form riecht Lá Mơ Lông wie Tuarkzruf (bitte erst rückwärts lesen, *nachdem* Sie das Kraut probiert haben!).

Meine ersten Ableger bekam ich von einem Vietnamesen geschenkt, der uns gleich warnte: gewöhnungsbedürftiger Geschmack! Wenn es Sie tröstet: Auch Wolfgang brauchte drei Anläufe, bevor ich ihn überzeugen konnte, in der Küche damit zu hantieren.

Das starke Aroma der Blätter kommt von schwefelhaltigen Glykosiden, daher auch die Geschmacksverwandtschaft mit Senf, Rettich, Meerrettich und Wasabi. Lá Mơ Lông ist dabei aber nie scharf im Geschmack.

Die weichen, fein behaarten Blätter sind im Jungzustand besonders lecker und werden in der vietnamesischen Küche gern zum Würzen von Fleisch, Fisch und Tofu verwendet. Man reicht es, nur grob gehackt und roh, als Beilage. Es wird besonders zum Würzen proteinbetonter Speisen eingesetzt und wirkt dabei auch verdauungsfördernd. Auf den Märkten in Hanoi ist es eines der wichtigsten Frischkräuter. Ich selbst verwende die Blätter in größeren Mengen an Rührei, und das gefällt mir ausgezeichnet.

Wer den leicht bitteren Geschmack von Chicorée mag, der wird sich auch mit der erst in größeren Mengen bemerkbaren, aber außergewöhnlich angenehmen bitteren Note anfreunden. Es gibt tatsächlich zwei Arten von Bitterkeit, unabhängig von der verwendeten Menge: eine penetrante, bei der man spucken muss, und eine, die einem das Gefühl von „Bitte mehr davon" gibt. Blätter von Lá Mơ Lông gehören eindeutig zur letzteren. Sehr junge Blätter sind jedoch noch ganz mild.

Als tropische Gewürzpflanze kann man Lá Mơ Lông in der frostfreien Zeit draußen oder als Zimmerpflanze auch ganzjährig drinnen halten. Es ist eine schöne Rankpflanze, mit unterseits rötlichen Blättern, die, im Kontrast zu den grünen Blattadern, sehr schön im Gegenlicht leuchten. Zum Glück riecht die Pflanze nicht, solange man kein Blatt verletzt. Falls bei Ihnen die Ranken mal zu wild wachsen, können Sie die Pflanze jederzeit, auch bis auf eine Fingerlänge über dem Boden, komplett zurückschneiden. Sie wird willig wieder austreiben.

Machen Sie jederzeit zehn Zentimeter lange Stecklinge, die sich innerhalb von circa 14 Tagen in einem Wasserglas bewurzeln lassen – auf der Fensterbank; im Sommer nicht an einem Südfenster. Das wäre doch ein schönes Geschenk für Ihre Freunde und ein ergiebiges, kontroverses Gesprächsthema, oder?

KLASSISCHER ÖSTERREICHISCHER EIERSALAT
MIT LÁ MƠ LÔNG, CURRY, SENF & SPARGEL

Zutaten

Grundlage

6 Bioeier, wachsweich gekocht, gepellt und vorsichtig geviertelt
12 Stangen weißer oder grüner Spargel (der weiße geschält, beim grünen das untere holzige Ende abgeschnitten)
Zucker
Salz
Zitronensaft
Kerbel und Lá-Mơ-Lông-Blätter zur Garnitur

Soße

3 EL Mayonnaise
Pades Currymischung „Mild" und Senf nach Geschmack
½ EL geschlagene Sahne

Garnitur

1 rote Zwiebel, geschält und in kurze, ganz feine Lamellen geschnitten
1 EL Lauchzwiebelröllchen
8 mittelgroße Blätter Lá-Mơ-Lông, in feine Streifen geschnitten

Zubereitung

Alle Zutaten für die Soße miteinander verrühren und abschmecken.

Mit weißem Spargel: Die Spargelstangen nach Belieben garen, zum Beispiel im Spargelfond mit leichtem Biss kochen oder auf dem Holzkohlegrill kurz leicht räuchern und dann mit Butter und wenig Spargelfond dünsten oder auf einem Blech mit reichlich Butter und mit Folie bedeckt bei 90 °C im Ofen langsam confieren (circa zwei Stunden).

Mit grünem Spargel: Stangen in gut gesalzenem Wasser knackig kochen und in kaltem Wasser abschrecken.

Servieren

Spargelstangen erwärmen, mit Salz, Zucker und Zitrone würzen und auf die Teller legen; die Eiviertel vorsichtig mit der Mayonnaise anmachen. Auf die Spargelenden setzen und mit Lauchzwiebelröllchen, Zwiebellamellen, Kerbel und Lá-Mơ-Lông-Blättern garniert servieren.

" Das im Ganzen quasi geruchlose Lá Mơ Lông entfaltet sein Aroma erst beim Zerkleinern der Blätter. Es schmeckt nach Rettich und Kohlrabi und wird in Vietnam unter anderem dazu eingesetzt, schwer verdauliche, stark eiweißhaltige Gerichte bekömmlicher zu machen. Daher der Einsatz bei dem leckeren und einfach herzustellenden Österreichischen Eiersalat, der durch die pfeffrigen Rettichnoten des Lá Mơ Lông eine schöne Ergänzung erfährt.

STECKBRIEF

Botanischer Name:

Elsholtzia ciliata

Pflanzenfamilie:

Lippenblütler

(**Lamiaceae**)

Herkunft:

Vietnam

Wuchsform:

Halbstrauch

Kulturansprüche:

Mindestens 10 °C

Verwendete Pflanzenteile:

Blätter

Vermehrung:

Stecklinge, Aussaat

VIETNAMESISCHE MELISSE

Ein Aroma, mit dem man sofort warm wird.

Es hat ein Aroma, mit dem man sich gar nicht anfreunden muss. Sofort irgendwie vertraut und doch exotisch. Etwas wie eine Mischung aus Champignons, Dill und Zitrone. Es ist eines jener Gewürze, die die vietnamesischen Frühlingsrollen so schmackhaft machen. Außerhalb Vietnams ist diese Melisse aber fast unbekannt.

Man würzt dort Fleisch, eingelegten Fisch und Fischsuppe mit dem zarten, hellgrünen Kraut. Als Gewürz in der Küche passt es zu Suppen und Soßen, es sollte nie länger mitgekocht werden, am besten erst zum Schluss dazugeben.

Das Aroma erinnert nur entfernt an das Bouquet von echter Melisse. Es ist ein warmer, unaufdringlicher Duft, den die Blätter abgeben, sobald man sie reibt oder zerdrückt. Und gar nicht nach exotischer Küche, sondern so, dass man sich sofort vorstellen kann, was damit in der Küche anzustellen ist. Sie müssen nicht erst ein vietnamesisches Kochbuch wälzen, um auf Rezeptideen zu kommen.

Machen Sie es doch wie Wolfgang. Er schnuppert einmal kurz an den Blättern und sofort verwandelt sich der Duft in eine konkrete kulinarische Fantasie.

Die Blätter enthalten viel ätherisches Öl, das (wie bei Fenchel oder Kümmel) die Verdauung entspannt und beruhigt. Ein Tee aus dem ganzen Kraut gilt als wirksam bei Kopfschmerzen, Rheuma und Erkältungen.

Die Kultur ist ganz simpel, es wächst üppig wie Basilikum und mag keinen Frost. Als sogenannte Kurztagpflanze – das sind Pflanzen, die erst in der dunkleren Jahreshälfte blühen – wird die Vietnamesische Melisse den ganzen Sommer über viele Blätter hervorbringen. Erst im Herbst, wenn die Tage deutlich kürzer werden, zeigen sich die schönen rosa Blüten.

Die Überwinterung gelingt nicht immer sicher. Es sei denn, Sie verwenden zusätzliches Pflanzlicht, das auf 14 Stunden Belichtung eingestellt ist. Dann können Sie auch im Winter massenhaft aromatische Blätter ernten. Falls Sie diesen Aufwand nicht treiben wollen, ist es besser, im Herbst alles abzuernten und die Pflanze getrocknet oder im Tiefkühlfach zu „überwintern". Neue Jungpflanzen besorgen Sie sich im nächsten Frühjahr.

Die Vermehrung geht gut über Stecklinge im Sommer. Falls Sie die Pflanze aber per Aussaat ziehen möchten, machen Sie das am besten erst ab April, denn die Pflanzen brauchen viel Licht und Wärme zum Wachsen.

ÖSTERREICHISCHE *RAHMSUPPE*

MIT VIETNAMESISCHER MELISSE, GRÜNEM SPARGEL, SHIITAKE, KÜMMEL & SCHWARZBROT-CROÛTONS

Zutaten

Suppe

125 ml Milch
125 ml Sahne
2 alte Brötchen ohne Rinde
125 ml Rinderbrühe (oder
125 ml Wasser mit 2 EL gekörnter
Biogemüsebrühe – ohne Glutamat
und Hefe)
40 g Butter
Salz, Pfeffer, Muskat, Kümmel

Einlage

12 kleine Shiitake-Pilze,
1 Spritzer Sojasoße,
3 EL Brühe
8 Stangen grüner Spargel (schräg
gedrittelt, knackig blanchiert und
abgeschreckt)
4 EL Blätter von der
Vietnamesischen Melisse
Butter, Zucker, Salz
1 EL geschroteter Kümmel
2 Scheiben Schwarzbrot,
geachtelt, in Olivenöl geröstet
und mit einer halbierten
Knoblauchzehe abgerieben

Zubereitung

Brötchen klein schneiden und in der Milch einweichen. Brühe aufkochen, die eingeweichten Brötchen und Sahne zufügen und mit der Butter fein mixen.
Mit Salz, Pfeffer, Muskatnuss und vorsichtig mit wenig gehacktem Kümmel abschmecken. Alle Zutaten für die Einlage richten, wie links beschrieben.

Servieren

Shiitake-Pilze in Olivenöl anbraten, würzen, mit Brühe und Sojasoße ablöschen, reduzieren. Spargel mit Butter und Zucker glacieren, salzen und vorsichtig mit Kümmel bestreuen. Suppe aufkochen, nochmals mixen und in vorgewärmte Teller geben. Shiitake, Spargel und Schwarzbrot dekorativ auf der Suppe anrichten, mit der frisch geschnittenen Vietnamesischen Melisse bestreut servieren.

" Diese Suppe – ursprünglich eine Arme-Leute-Speise aus altem Brot und einem Rest Rinderbrühe – ist eine der einfachsten und leckersten, die wir kennen. Sie bildet eine würzig neutrale Basis für die unterschiedlichsten Einlagen – weil sie zu vielem passt von einfach bis edel: Gemüse, Fisch, Garnelen, Krabben, Räucheraal, Rind- oder Schweinefleisch, Leber, gebratene Champignons oder Steinpilze, Trüffel …
Die Vietnamesische Melisse lässt sich gut vergleichen mit der Marokkanischen Minze: So wie dieser Minzesorte die Mentholaromen abgehen und sie daher eine ganz andere Form von Würze an die Speisen bringt als die uns vertrauteren heimischen Minzen, so fehlt der Vietnamesischen Melisse die Zitrusnote.
Mit ihrer Kraft lässt sie sich noch nicht einmal von konkurrierenden Gewürzen unterbuttern, sondern zieht wie hier in unserem Süppchen mit dem Kümmel ein spannendes Würzspektrum auf.

PIEMONTESISCHER LIMONENTHYMIAN

Mit ein paar gehackten Blättern geben Sie Ihren Küchenkreationen die letzte Segnung, den „magischen Staub".

Man möchte unwillkürlich tiefer atmen, wenn einem dieser ausgesprochen leckere Duft in die Nase steigt, sobald man ein Zweiglein zwischen den Fingern knetet. Er ist intensiv, hat viele feine Obertöne und ich nehme noch eine dezente Karamellnote wahr. Es gibt in der Pflanzenwelt gerade bei zitronigen Aromen Hunderte Pflanzen, deren Duft man mit Zitronen vergleicht. Und alle haben ihren eigenen Charme. Nie ist ein Kraut zu 100 Prozent mit dem der Zitronenschale zu vergleichen. Diese ist ja immer nur die Referenz, der Maßstab.

Der Duft dieses Thymians liegt, um es mal ganz nüchtern zu sagen, klar über dem Maßstab. Der gewöhnliche Zitronenthymian – auch lecker – kommt einem da im Vergleich, was das Aroma anbetrifft, flach vor.

Ein Gärtnerkollege hat diesen Findling aus dem Piemont, der romantischen Region in Norditalien, mit nach Deutschland gebracht.

Ob frische Blüten, abgeblühte Stängel oder frische Blattspitzen – alles können Sie verwenden von diesem Thymian! Er wächst ziemlich straff aufrecht, was die Ernte leichter macht. Das Erntegut muss dann eventuell auch nicht gewaschen werden, was immer das Beste fürs Aroma ist. Verwenden Sie ihn immer frisch zu allem zwischen süß und salzig. Fehlt noch irgendetwas?

Verwenden Sie die kleinen Zweige als Tee oder an gedünstetem Fisch. Es ist ein extrem lang blühender Thymian. Daher ist es gut zu wissen, dass man die blühenden Spitzen genauso gut als würzende Zutat verwenden kann wie die Blätter. Streuen Sie doch mal die Blüten über Ihr Joghurt oder frisches Obst.

Als sonnenhungriger Vertreter seiner Gattung sollte er im Garten so viel Licht wie möglich bekommen. Ein halber Tag Sonne muss es mindestens sein. Vom späten Frühling bis in den Sommer hinein blüht er unentwegt mit weißen Blüten, die viele Hummeln und Bienen anziehen. Etwa im August sollten Sie die Pflanzen einmal um die Hälfte einkürzen. Das Erntegut kann man leicht im Schatten, auf Papier ausgebreitet, trocknen. Danach wird die Pflanze bis zum nächsten Frühjahr erst einmal keine Blüten mehr bilden, sondern wieder viele zarte, aromatische Blatttriebe. Das Schöne an den immergrünen Thymianen ist ja auch, dass Sie sie praktisch das ganze Jahr über verwenden können, es sei denn, es liegt eine dicke Schneeschicht darüber.

Als winterharte Pflanze gehört der Limonenthymian am besten direkt in den Garten gepflanzt. Er mag eine gut durchlässige Erde, die im Sommer auch mal trocken werden darf. Und selbst Thymian kann – düngetechnisch gesehen – verhungern, denken Sie daran! Vermehrbar ist er durch Stecklinge oder Teilung in der Zeit zwischen April und August.

STECKBRIEF

Botanischer Name:

Thymus species

Pflanzenfamilie:

**Lippenblütler
(Lamiaceae)**

Herkunft:

Norditalien

Wuchsform:

Halbstrauch

Kulturansprüche:

**Winterfest, durchlässiger
Boden**

Verwendete Pflanzenteile:

Blätter, Blüten

Vermehrung:

Stecklinge

ZUCCHINI & KARTOFFELN
MIT FETA UND **PIEMONTESISCHEM LIMONENTHYMIAN** IN DER FOLIE

Zutaten

4 mittelgroße neue Kartoffeln,
10 Min. in der Schale vorgekocht,
geschält und dann in dicke
Scheiben geschnitten
1 kleine Zucchini, in Scheiben
geschnitten und mit Knoblauch,
Oregano, Olivenöl, Salz, Pfeffer,
Zucker und Zitrone knackig
gebraten
100 g Ziegenfrischkäse oder Feta
12 Zweige Piemontesischer
Limonenthymian
Feiner Abrieb von ¼ Biozitrone
½ TL gehackter Knoblauch
Hochwertiges Olivenöl

Zubereitung

Zucchini- und Kartoffelscheiben mit gehacktem Knoblauch vermengen, auf ein doppelt gefaltetes Stück Alufolie legen, salzen, pfeffern, mit grob zerbröseltem Ziegenkäse, Limonenthymian und Abrieb der Zitronenschale belegen. Mit Olivenöl beträufeln. Gut verschlossene Alupäckchen falten.
Grill anfeuern oder den Ofen auf 220 °C vorheizen.

Servieren

Die Päckchen für zehn Minuten bei mittlerer Hitze auf den Grill legen oder 15 Minuten im Ofen backen lassen.

" Wenn man die Päckchen erst einmal gefaltet hat, sind sie bei der Endzubereitung dann schnell und einfach „abzuliefern".

In unserem Restaurant bestreiten wir viele Familienfeiern mit lockeren, kulinarischen Barbecues (statt der früher üblichen statischen, gesetzten Menüs an Tische serviert). Für Vegetarier ist das Feta-Zucchini-Päckchen eine äußerst leckere und beliebte Alternative zu Fleischartikeln. Und auch Kinder mögen die mild-würzige Frische.

Man serviert die Päckchen den Gästen in der Folie, alle fangen gleichzeitig an, sie auseinanderzufalten, und dann legt sich ein frischer, würziger Duft über den Tisch.

< Seite 44

Daniel: Für mich ist ganz wichtig, dass ich immer wieder was Neues entdecken kann. Und wenn ich ein neues Kraut entdecke, dann macht mich das wach, und ich probiere das gleich an einem einfachen Essen, oder vielleicht nur auf einem Butterbrot oder so, und bin dann – nicht immer, aber ganz oft – fasziniert von diesem neuen Geschmacksklang, der sich da gerade entwickelt. Und dann vergleiche ich. Woher kenne ich das? „Ah ja, das schmeckt fast wie …" Trotzdem hat jedes Kraut seinen eigenen Charakter, den ich dann auch voll und ganz genieße. Und ich denke: ich bin doch ein normaler Mensch, solche Aromaerlebnisse können andere bestimmt auch begeistern. Wenn ich mit Wolfgang durch die Gärtnerei gehe, dann ist das ja auch oft so. Dann zeige ich dir ein Kraut, das du nicht kennst, und manchmal sagst du: „Bäh, ich kriege das Kotzen", oder: „Ey, das ist ja toll." Wie zum Beispiel bei Za'atar, weiß ich noch, du warst gleich von Anfang an hin und weg.

Wolfgang: Ja, und das Ganze hat natürlich auch was mit Frische zu tun. Man kann das sehr gut festmachen an einem Radieschen. Ich glaube, jeder kennt Radieschen aus dem Supermarkt, die schon so und so lange unterwegs sind – und wenn man im Gegensatz dazu die Chance hat, mal ein Radieschen zu probieren, das aus der Erde gezogen wird, einmal kurz abgespült, und da rein beißt, dann ist dieses Radieschen so scharf, dass es fast mit Meerrettich oder einer milden Chili gleichzusetzen ist. Für jedes Lebensmittel kann man das nicht bewerkstelligen, aber eben mit den kleinen Kräutern. Und man kann sich daran erfreuen, selbst wenn man nur einen Blumenkasten hat und zum Beispiel dieses hochintensive Oregano zieht. Davon nimmt man ein paar Blättchen und macht das an Pasta. Das ist was völlig anderes, als irgendeine Bundware aus dem Supermarkt zu verwenden.

Und gibt dem Essen ein komplett neues Aroma?

Wolfgang: Absolut. Die Kräuter, die wir ausgesucht haben, setzen sehr, sehr starke Akzente. Man kriegt zum Beispiel mit dem eher unscheinbaren Oregano, wenn nur ein bisschen was davon an einer Zwiebel oder an einem Apfel dran ist – etwas Tolles in den Mund.

Daniel: Das finde ich auch. Frische finde ich auch super. Wichtige Sache, weil Frische bringt wirklich das ganze Aroma in der Pflanze hervor.

> Seite 128

HOJA SANTA

Das mexikanische Pfefferblatt. Hoja Santa heißt so viel wie „Heiliges Blatt" – kein Wunder, denn die Pflanze war schon bei den Azteken als rituelles Räucherwerk bekannt.

Alles an dieser Pflanze ist voller Aroma. Die Blätter, die Stiele, die Blüten, ja sogar die Wurzeln verströmen einen intensiven Duft. Zerreißen Sie mal eines der großen weichen Blätter – sofort entweicht ein exotischer, warmer Duft: wie eine Mischung aus rauchigem Sternanis, Muskatnuss, Pfeffer und Aprikosen.

Hoja Santa wird bisher hauptsächlich in der mexikanischen Küche verwendet. Die riesigen essbaren Blätter werden mit Fleisch oder Fisch gefüllt und dann gegart. Dabei werden sie nach kurzer Zeit weich wie Spinat und das einzigartige, herzhafte Aroma zieht in die Füllung. Oder die Blätter werden klein geschnitten in chiligeschärften Soßen gereicht. Für eine Abwandlung der „Mole verde" – der typischen grünen Soße Mexikos, werden die jungen Blätter auch püriert verwendet. Beliebt sind die Blätter auch als Würze in gefüllten Teigtaschen aus Maismehl (Tamales).

Wir haben mit verschiedenen Pflanzenteilen experimentiert und fanden heraus, dass auch die (noch zarten) Stängel sehr lecker sind. Geschält haben sie ein anderes Aroma als die Blätter: milder und mit einer interessanten Kokosnussnote. Sie passen sogar roh an Salate.

Kurios sind die weißen, im Jungzustand kerzengerade aufrecht stehenden Blütenkolben. Was macht man damit? Probieren Sie es aus! Nicht nur im Aroma, sondern auch im Wachstum ist die Hoja Santa ein Kraut der Superlative. Sagen wir es so: Diese Pflanze ist wahrscheinlich die größte Staude unter den Gewürzkräutern. Sie kann über drei Meter hoch werden und wenn man sie lässt, bedeckt sie innerhalb weniger Jahre problemlos eine Fläche von zehn Quadratmetern.

In der Gärtnerei direkt an unserem Kundeneingang steht seit zehn Jahren so ein Exemplar. Wir schneiden sie Jahr für Jahr im September bis auf einen Meter zurück und ein Jahr später hat sie dann schon wieder das Gewächshausdach erreicht.

Aber keine Angst, man kann sie auch kleiner halten, sie verträgt jederzeit einen – auch noch tieferen – Rückschnitt.

Als Zimmerpflanze bräuchte sie auf jeden Fall einen Zehn-Liter-Topf ab dem zweiten Jahr. Besser ist die Kultur im Wintergarten. Außerdem liebt sie eine hohe Luftfeuchte, die ist inmitten anderer Pflanzen im Wintergarten oder Gewächshaus eher gegeben als auf dem Fensterbrett. Ist es im Winter nur gerade eben über 0 °C, verliert die Pflanze sämtliche Blätter und treibt im Frühling wieder aus. Bei 15–20 °C bleibt die Pflanze aber ganzjährig grün. An den Unterseiten der Blätter scheidet die Pflanze kleine, glasige, harzige Kügelchen ab. Diese werden oft nach einiger Zeit schwarz – ein Befall mit dem Rußtaupilz. Das ist normal, die Blätter sind trotzdem verwendbar! Sie sollten die Blätter nur gründlich abwaschen.

Hoja Santa mag eine gute, humose Erde und während der Wachstumszeit eine regelmäßige Versorgung mit Nährstoffen. Dann ist sie sehr ausdauernd und bildet mit der Zeit im unteren Teil auch einen schönen bizarren, korkartigen Stamm. Das können wir jedes Jahr sehr schön an unserer ältesten Pflanze sehen, die bereits seit über 20 Jahren im offenen Gewächshausboden gut wächst.

Die Vermehrung gelingt am besten über Ausläufer, die sich nach zwei bis drei Jahren bilden. Trennen Sie diese unter der Erde von den Mutterpflanzen und pflanzen Sie sie in einen eigenen Topf, und schon haben Sie eine neue Pflanze. Achtung bei der Pflanzung im offenen Gewächshausboden: Ich habe schon neue Sprösslinge ganze zehn Meter von der Mutterpflanze entfernt aus dem Boden kommen sehen!

STECKBRIEF

Botanischer Name:
Piper auritum
Pflanzenfamilie:
**Pfeffergewächs
(Piperaceae)**
Herkunft:
Südmexiko
Wuchsform:
Strauch
Kulturansprüche:
Mindestens 10 °C
Verwendete Pflanzenteile:
**Blätter, Triebspitzen,
Stängel**
Vermehrung:
Wurzelstecklinge, Teilung

WELSFILET UND PAPRIKA IN *HOJA* SANTA GEBRATEN
AUF KRÄUTER-SEITLINGEN „TERIYAKI"

Zutaten

4 grätenfreie Welsfilets à 120 g
4 schöne Hoja-Santa-Blätter,
ca. 15 x 15 cm
2 gelbe Paprika, halbiert und
entkernt
Salz, Zitronensaft, Piment
d'Espelette, Pfeffer, Sesamöl
zum Braten
300 g Kräuter-Seitlinge, in
Scheibchen geschnitten, auch
möglich: Shiitake-Pilze
1 TL frisch geriebener Ingwer
½ TL fein gehackter Knoblauch
6 EL Bone Suckin' Yaki Soße
(BOS-FOOD) oder Sojasoße
Etwas Salat zur Garnitur,
zum Beispiel Frisée-Herzen,
Rucola, Rucolablüten, Römersalat,
Gelber Löwenzahn
Essig-Öl-Vinaigrette aus
beliebigen Essig- und Ölsorten,
abgeschmeckt mit Salz, Pfeffer,
Zucker und Senf

Zubereitung

Die Paprikahälften für fünf Minuten bei 250 °C (Umluft) in den Ofen legen, danach heiß in eine Plastiktüte geben und diese luftdicht eindrehen – das bewirkt, dass die Paprika etwas weitergart und der entstehende Dampf die Schalen schon leicht anlöst. Nach 15 Minuten herausnehmen und die Schalen abziehen, trocken tupfen.
Die Welsfilets mit Salz, Zitrone und Piment d'Espelette würzen, mit je einer Paprikahälfte belegen und jeweils fest in ein Hoja-Santa-Blatt einschlagen.
In Sesamöl von einer Seite leicht anbraten, umdrehen und für circa fünf Minuten in den auf 200 °C vorgeheizten Ofen schieben.

Servieren

Pilze mit Ingwer und Knoblauch in Sesamöl anbraten, salzen, pfeffern, mit Zitronensaft beträufeln und mit der Yaki-Soße ablöschen, minimal einkochen und auf Teller verteilen.
Fischpakete halbiert auf den Pilzen platzieren, mit marinierten Salaten nach Belieben garnieren.

" In der europäischen Küche gibt es die Tradition, Fischfilets in Mangold oder Spinat einzupacken – das sieht im Anschnitt dann hübsch aus und schützt das zarte Filet vor der direkten Hitze. Dünne Spinat- und Mangoldblätter haben allerdings wenig Eigengeschmack, um es mal freundlich auszudrücken. Ganz anders das Hoja-Santa-Blatt: Als ich das Rezept ausprobiert und meinem Küchenchef eine Kostprobe gereicht habe, kam die Frage: „Was hast du denn da an Gewürzen drin?" Nix – Hoja Santa halt.

STECKBRIEF

Botanischer Name:
Meum athamanticum
Pflanzenfamilie:
Doldenblütler
(*Apiaceae*)
Herkunft:
Deutschland,
Mitteleuropa
Wuchsform:
Staude
Kulturansprüche:
Winterhart
Verwendete Pflanzenteile:
Blätter, Wurzel, Samen
Vermehrung:
Aussaat, Teilung

BÄRWURZ

... ist nicht nur der berühmte Schnaps aus dem Bayerischen Wald, sondern auch ein heimisches Würzkraut.

Superlecker schmeckt das frische Bärwurzgrün: kräftig, nussig und wie eine Mischung aus Liebstöckel und Bockshornklee. Es ist eines der wenigen ernstzunehmenden heimischen Würzkräuter. Das zarte Laub passt klein geschnitten zu Suppen, Soßen, Salaten, Kräuteraufstrichen, Kräuterquark, an Bratlinge und Fleischklöße – also überall dort, wo auch Liebstöckel passen würde.

Wobei die Bärwurzpflanze eine ganz unaufdringliche und trotzdem schön herzhafte Würze entfaltet. Besonders vegetarische Gerichte profitieren von dieser kräftigen, aber harmonischen Geschmacksrichtung.

Die Bärwurz steht in Deutschland unter Naturschutz. Es gibt aber Gegenden, etwa in Bayern, wo die Bärwurz sehr verbreitet ist und auf naturbelassenen Wiesen in großen Mengen wächst. Doch selbst dort macht es Sinn, diese Pflanze im Garten anzubauen. Da hat man sie immer gut zur Hand und die Ernte geht auch wesentlich leichter. In der Wiese wäre es doch ziemlich mühsam, die feinen Blätter zwischen all den höheren Gräsern und anderen Kräutern zu ernten. Denn die Bärwurz ist eine zierliche kleine Pflanze und das dillartige Laub wird selten höher als 30 Zentimeter.

Die Haupterntezeiten sind das Frühjahr und der Spätsommer bis in den Herbst hinein. Wenn der Winter nicht zu kalt ist, können Sie mit der Gartenschere in den Garten laufen und Sie werden immer noch frisches Grün finden. Das ist doch praktisch, denn die Blätter würden beim Trocknen einen Großteil ihres Aromas verlieren. Eine Alternative wäre höchstens noch das Einfrieren der frisch geschnittenen Blätter.

Im Sommer, gerade wenn es so richtig warm wird, schwächelt eigenartigerweise die Blattbildung etwas, die Pflanze sieht dann mit einem Mal immer weniger grün aus. Doch schon Ende August treibt sie plötzlich wieder neue Blätter. So schön zart und ideal für die Küche wie auch im Frühling.

Nach der Blüte im August reifen die aromatischen Samen heran. Diese sind – gut getrocknet in eine Pfeffermühle gegeben – eine vielseitig einsetzbare Tischwürze.

Bärwurz heißt auch ein hochprozentiger Schnaps, der in den sogenannten Bärwurzereien in Süddeutschland gebraut wird. Hierfür wird jedoch ausschließlich die auch sehr aromatische Wurzel verwendet.

Im Garten braucht sie einen festen Platz, denn es dauert ein paar Jahre, bis sie so richtig stark wird. Sie ist aber mit jedem normalen Gartenboden zufrieden. Vermehren lässt sie sich durch Aussaat der frischen Samen direkt nach deren Reife im August. Diese keimen jedoch erst im folgenden Frühjahr. Exemplare, die schon über drei Jahre alt sind, lassen sich im zeitigen Frühjahr auch durch Teilung vermehren.

FISCHFILET „À LA BRATHERING MEDITERRAN"

MIT ANGESCHLAGENER **BÄRWURZSAHNE** UND OLIVENÖL

Zutaten

4 rohe, grätenfreie Fischfilets,
je ca. 70 g, zum Beispiel Scholle,
Steinbeißer, Makrele oder Wels
500 ml Weißweinessig
Zucker
300 ml mildes, hochwertiges
Olivenöl
Je 20 g Fenchel, Karotte,
Staudensellerie und Schalotte,
alles geputzt und feinblättrig
geschnitten
Je 1 Stiel Basilikum, Koriander,
Bärwurz und Petersilie
1 Toastscheibe, in Würfel von
5 mm Kantenlänge geschnitten
50 g geschlagene Sahne
2 TL fein gehackte Bärwurzblätter
4 feine Bärwurzspitzen zur
Garnitur
Meersalz
Fein geriebene Schale von
einer Bioorange
Optional: Kräutersalat,
Kartoffelsalat, Fenchelsalat,
Bratkartoffeln ...

Zubereitung

Am Vortag den Essig in ein Schälchen geben und ein Fischfilet zufügen. Etwas Zucker einrieseln lassen und verrühren. So viel Zucker zufügen, bis das Fischfilet in der Flüssigkeit zu „schweben" beginnt – dann ist das korrekte Mischungsverhältnis erreicht. Die Gemüse, Kräuter und restlichen Filets zufügen und abgedeckt im Kühlschrank 24 Stunden marinieren lassen.

Danach die Filets entnehmen, halbieren und in Olivenöl legen. Jetzt sind die Filets verzehrfertig.

Toastbrot bei 90 °C knusprig trocknen.

Servieren

Geschlagene Sahne leicht salzen und mit frisch gehacktem Bärwurz verrühren. Toastwürfel mit etwas Olivenöl benetzen, leicht salzen und auf die Teller legen.

Die abgetropften Filets auf Teller verteilen, mit traubengroßen Klecksen Sahne garnieren und mit Olivenöl beträufeln, je eine Bärwurzspitze in die Sahnekleckse stecken. Orangenschale bunt über die Teller verteilen, optional mit einem Salat und/oder Bratkartoffeln servieren.

> Für den klassischen Brathering – ein altes Konservierungsrezept für Schiffsreisen – wird der ganze Hering gewürzt, dick in Mehl gewälzt, knusprig gebraten und, mit einer heißen Essiglake übergossen, kalt gestellt.
> Unsere moderne Version kommt ohne Mehl und Hitze aus, ist aber so außergewöhnlich, dass sie jeden Zuschauer fasziniert: Wenn das Fischfilet mit kaltem Essig übergossen wird, liegt es am Boden des Gefäßes auf. Beim Einrühren des Zuckers beginnt das Filet aufzusteigen. Wenn es in der Mitte der Flüssigkeit schwebt, ist genau das richtige Verhältnis zwischen Essigsäure und Zucker erreicht, das dem fertig marinierten Fisch nach 24 Stunden einen ausgewogenen Geschmack mitgibt. Das Filet schmeckt für sich leicht säuerlich und wird erst vollends harmonisch durch die mildernde Bärwurzsahne und das Olivenöl.

OKINAWA-SPINAT (HANDAMA)

Ernten Sie fleischige, sukkulente Blätter von einer ausdauernden Spinatpflanze.

Ich liebe es, Pflanzen anzubauen, von denen ich etwas ernten kann, ohne lange warten zu müssen. Exotische Früchte? Schöne Sache, doch das dauert oft Jahre intensiver Pflege, bis was Erntbares dranhängt.

Aber blattliefernde Pflanzen? Ja, da hat man auch bei Exoten schon im ersten Jahr was davon. Okinawa-Spinat ist eine ausdauernde Pflanze, hat purpurne Blattunterseiten und fleischige, fast sukkulente Blätter, die eine Ernte sehr ergiebig machen. Okay, so ganz einfach funktioniert es auch hier nicht – denn es ist mehr eine subtropische Pflanze und deshalb muss man sie frostfrei halten. Ansonsten nimmt sie einem kaum etwas übel. Schatten, Sonne, alles wird vertragen, solange man das Gießen nicht vergisst. Bei guter Kultur – sprich: genügend Sonne, Wärme, Wasser und Dünger – wächst dieses Kraut unglaublich schnell. Und je schneller es wächst, desto zarter und schmackhafter sind die Blätter.

In Japan werden die Blätter in Wokgerichten, Suppen oder als Tempura (im Teigmantel ausgebacken) gegessen. Sie brauchen jetzt aber keinen Kochkurs für Japanisch-Kochen machen, nein, die Blätter lassen sich überall da verwenden, wo Spinat gefragt ist. Sie schmecken nussig und sind gedünstet leicht sämig. Ganz im Gegensatz zum Okinawa-Spinat hinterlässt normaler Spinat auf Zunge und Zähnen oft ein stumpfes Gefühl – das ist ein Zeichen für einen erhöhten Anteil an Oxalsäure.

Die violette Farbe der Blätter ist temperaturempfindlich. Sie bleibt nur bei kurzem Garen bestehen. Die jungen Blätter lassen sich aber auch gut an Salaten verwenden. Wolfgang hat herausgefunden, dass die Farbe beim Niedrigtemperaturgaren sehr gut erhalten bleibt.

Die Insel Okinawa ist bekannt für den besonders hohen Anteil an Hundertjährigen. Viel frisches Gemüse und frischer Fisch, so heißt es, sei einer der Gründe für diese lange Lebenserwartung. Auch Handama, wie dieser Spinat auf der Insel heißt, gehört dazu. Auf Okinawa ist man sich sicher, dass der regelmäßige Verzehr dieser Pflanze gesundheitsfördernd ist.

Dieser Spinatstrauch kann immer wieder leicht durch Stecklinge im Wasserglas weitervermehrt werden.

Eine andere Pflanze, die fast genauso aussieht und in anderen asiatischen Ländern ebenfalls als Blattgemüse Verwendung findet, ist Sambung Nyawa (*Gynura procumbens*). Hier ist jedoch das ganze Blatt grün, auch die Blattunterseiten.

STECKBRIEF

Botanischer Name:

Gynura crepioides

Pflanzenfamilie:

Korbblütler

(*Asteraceae*)

Herkunft:

Japan

Wuchsform:

Halbstrauch

Kulturansprüche:

Mindestens 10 °C

Verwendete Pflanzenteile:

Blätter

Vermehrung:

Stecklinge

GRAVED *LACHS*
MIT FRISCHKÄSE IN **OKINAWA** GEROLLT

Zutaten

360 g Graved Lachs (oder selbst gebeizter Fisch wie Eismeer-Lachsforelle oder Saibling; Rezept siehe Seite 18), in 12 gleichmäßig große Würfel geschnitten

6 EL Frischkäse oder Ziegenfrischkäse, angemacht mit Lauchzwiebelröllchen und fein geschnittenem Zimmerknoblauch, Salz, Pfeffer und Muskatnuss

12 aromatische Blüten, zum Beispiel Zimmerknoblauch, Rosmarin, Borretsch oder Kapuzinerkresse-Segmente
12 Blätter Okinawa-Spinat, blanchiert und abgeschreckt, Holzspieße

Zubereitung

Die blanchierten Spinatblätter abtupfen; je vier Blätter mit der lila und vier Blätter mit der grünen Seite nach oben auf ein Brett legen. Am unteren Blattende jeweils mit einem Klecks Frischkäse belegen und so weit einrollen, dass zwei Zentimeter von der Blattspitze noch überstehen.
Mit einem Holzspieß fixieren und auf dem „Blattüberstand" eine schöne kleine Blüte platzieren. Jeweils auf einen der Fischwürfel spießen.

" Eine Seite lila, eine Seite grün – nicht nur im Beet, sondern auch auf dem Teller ein Hingucker. Und sogar beim Garen bleibt das Farbspiel erhalten, was sehr ungewöhnlich ist.

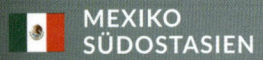
LANGER *KORIANDER*

Anfänger werden schockiert sein – Korianderliebhaber sind begeistert.

Das ist er, der beste aller Blattkoriander, der mir je unter die Nase gekommen ist. Ich knicke ein Blatt, schnupper dran und mag gar nicht mehr aufhören, den Duft zu inhalieren ... so lecker! So klar, so stark!

Langer Koriander ist heimisch auf den karibischen Inseln und in Teilen Mittelamerikas, hat jedoch seinen Siegeszug in ganz Mittel- und Südamerika sowie in der asiatischen Küche angetreten und ist aus vielen regionalen Esskulturen nicht mehr wegzudenken. Sehr beliebt ist er vor allem in Thailand.

Dieser intensive Blattkoriander harmoniert ganz besonders zu allen kokosmilchhaltigen Suppen und Soßen. In der südostasiatischen Küche wird er gern in Currypasten und Wokgerichten verwendet. In Mexiko kennt man ihn als charaktervolle Würze in der Dipsoße für Tortillachips.

Natürlich können Sie ihn auch überall da einsetzen, wo Sie normales Koriandergrün (*Coriandrum sativum*) verwenden würden. Koriandergrün ist geschmacklich für viele Europäer eines der exotischsten Frischkräuter, dabei gleichzeitig das meistgenossene Würzkraut weltweit.

Ich konnte früher frisches Koriandergrün nicht ausstehen, der Duft war für mich richtig abstoßend. Und das, obwohl ich schon durch den jahrelangen Umgang mit exotischen Kräutern in meiner Gärtnerei einen geschulten Gaumen entwickelt hatte. Aber trotzdem. Ich wusste, okay, die halbe Menschheit isst Koriandergrün und scheint es lecker zu finden. Nur ich nicht! Irgendwann gab es dann aber ein Schlüsselerlebnis, fernab von der Heimat. In den USA bestellte ich mir eine Pizza. Die kam mit einem Klecks Sour Cream und da drin eben Koriandergrün. Und die schmeckte plötzlich. Seitdem kann ich verstehen, weshalb die meisten Menschen auf diesem Planeten dieses Kraut schätzen.

Wie Wolfgang schon sagte, das normale Koriandergrün schmeckt – für den ungeübten Gaumen – etwas seifig, und wenn ich an das schlaffe Zeug denke, das es im Supermarkt gibt, dann muss ich ihm sogar recht geben. Wenn man es selbst anbaut, macht es wirklich einen Unterschied. Aber selbst dann bleibt der Lange Koriander, was das Aroma angeht, einfach unübertroffen!

Langer Koriander kann an einem sehr warmen Platz, zum Beispiel am Fensterbrett oder im Wintergarten, selbst gezüchtet werden. Man kann ältere Pflanzen teilen wie eine Staude, besser ist die Aussaat, die bei Zimmertemperatur das ganze Jahr über erfolgen kann. Die Keimlinge lassen sich etwas Zeit, meist dauert es um die drei bis vier Wochen, bis die anfangs winzigen Pflänzchen erscheinen. Wichtig ist, die stacheligen Blüten, sobald sie erscheinen, sofort zu entfernen, dann leben die Pflanzen länger. Die Pflanze gilt dann sogar als ausdauernd. Achten Sie auch immer auf gleichmäßige Feuchtigkeit und einen genügend großen Topf mit ausreichenden Nährstoffen. Am besten öfters flüssig nachdüngen. Das hilft auch, die ansonsten manchmal zäh werdenden Blätter zarter zu bekommen. Trotzdem gelingt es nicht immer, die Pflanze über längere Zeit am Leben zu erhalten.

Auch im Winter, und das ist bemerkenswert, haben die Blätter noch ein richtig kräftiges Aroma, selbst wenn sie so wenig Licht bekommen wie in unseren Breitengraden. Die Blätter behalten sogar nach dem Trocknen einen Teil ihres fantastischen Aromas. Das kann man mit anderen Blattkorianderarten gar nicht machen. Das volle Aromaspektrum hat man aber nur in den frischen Blättern.

Schön zu wissen, dass man diesen Koriander jederzeit in guten asiatischen Lebensmittelläden im Kühlregal findet. Doch das Aroma selbst geernteter Blätter ist einfach unschlagbar.

STECKBRIEF

Botanischer Name:
Eryngium foetidum
Pflanzenfamilie:
Doldenblütler
(**Apiaceae**)
Herkunft:
Mexiko, Südostasien
Wuchsform:
Staude
Kulturansprüche:
Mindestens 15 °C
Verwendete Pflanzenteile:
Blätter
Vermehrung:
Aussaat, Teilung

THUNFISCH IN SELLERIESAAT & SESAM

DAZU FRÜHLINGSROLLE MIT PAPRIKA, SHIITAKE, SOJASPROSSEN & LANGEM KORIANDER

Zutaten

Thunfisch

4 frische Thunfischfilets
à 110 g
2 EL Sesamsaat
2 EL Selleriesaat
Salz, Zitronensaft
6 EL Sojasoße
Sesamöl zum Anbraten

Mayonnaise

4 EL Mayonnaise
Wasabi aus der Tube nach
Geschmack

Frühlingsrollen

4 Blätter Frühlingsrollenteig
4 mittelgroße Blätter vom
Langen Koriander
1 rote Paprika, geviertelt, entkernt
und in feine Streifen geschnitten
4 EL Soja- oder
Mungobohnensprossen
60 g Blattspinat, blanchiert und
ausgedrückt gewogen
Salz, Pfeffer, Zitronensaft
1 Msp. gehackter Knoblauch
12 Shiitake-Pilze, in Scheiben
geschnitten
1 Spritzer Sojasoße
1 Spritzer Balsamicoessig
1 TL gerösteter Sesam
Olivenöl zum Anbraten

Zubereitung

Für die Frühlingsrollen: Paprikastreifen in Olivenöl anbraten, Shiitake-Pilze und gehackten Knoblauch zufügen, kurz durchschwenken; Sojasprossen mit sautieren, Spinat zufügen, mit Salz, Pfeffer und Zitronensaft würzen, mit Soja und Balsamico ablöschen, einkochen. Sesam und Zitronensaft zufügen, etwas auskühlen lassen und mit frisch geschnittenen, langen Korianderblättern abschmecken. Fest in Frühlingsrollenteig verschließen, nach Belieben tiefdfrieren. Vor dem Essen in Fett schwimmend frittieren und abtropfen. Lässt sich auch abgekühlt essen, bleibt beim Transport knusprig.

Mayonnaise vorsichtig mit Wasabi abschmecken.

Thunfischfilets in Sesamöl bei starker Hitze anbraten, wenden, Hitze reduzieren und fünf Esslöffel Sojasoße angießen, beim Einkochen die Fischfilets mit der Soße begießen, mit Salz und Zitronensaft würzen und mit Sesam und Selleriesaat bestreut servieren. Das Fischfilet sollte in der Mitte fast roh bleiben, sonst wird es trocken.

" Ich mag so gut wie alles, aber das handelsübliche Korianderkraut gehört nicht dazu – diese leicht seifige Dominanz im Mund finde ich ekelhaft. Und dann kam Daniel. „Hier, musst du probieren, der reinste, beste Koriander weltweit und für alle Zeiten!" Auweia, dachte ich, warum ich? Aber: Der Lange Koriander gefällt mir großartig, hat nichts zu tun mit dem bislang bekannten Kraut, schmeckt rein, leicht nussig, mit Sellerienoten und erinnert an Koriandersaat ... ein weiteres neues „Geschmackstürchen", das für mich durch die Arbeit an diesem Buch von Daniel geöffnet wurde.

STECKBRIEF

Botanischer Name:
Tulbaghia violacea
Pflanzenfamilie:
Lauchgewächs
(Alliacae)
Herkunft:
Tahiti
Wuchsform:
Staude
Kulturansprüche:
Frostfrei überwintern
Verwendete Pflanzenteile:
Blüten, Blätter
Vermehrung:
Teilung

ZIMMERKNOBLAUCH

An dieser Pflanze duftet wirklich alles nach Knoblauch. Wurzeln, Blätter, Blüten. Eben alles.

... aber auch nicht ganz so wie normaler Knoblauch, sondern mit einer eigenen Note, vergleichbar eher mit der vom Speisepilz Shiitake. Auf jeden Fall sehr angenehm.

Die fein geschnittenen, schmalen Blätter sind sehr würzstark und geben vielen Gerichten, die nach Lauch oder Knoblauch verlangen, eine neue Geschmacksvariante. Das Besondere sind jedoch die rosa bis lilafarbenen, substanzreichen Blüten, die nicht nur genauso würzig schmecken, sondern auch ein Leckerbissen fürs Auge sind.

Von Zeit zu Zeit muss man geradezu den Wurzelballen teilen, spätestens dann, wenn man das Gefühl hat, dass sich über die Hälfte der Erde im Topf in Wurzelwerk verwandelt hat.

Wenn wir in der Gärtnerei die Pflanzen vermehren, und das bedeutet die ganzen Pflanzenbüschel mitsamt den Wurzeln zu teilen, einzutopfen und anzugießen, dann frage ich immer: „Hast du ein Rendezvous in den nächsten Tagen? Dann solltest du diese Arbeit lieber jemand anderes überlassen!" – Denn dieser Knoblauch hat ein sehr haftendes Aroma, und das hält sich tatsächlich mehrere Tage, wenn man damit vorher so intensiv in Kontakt war.

Ich möchte Sie damit aber nicht abschrecken. Mit ein paar Halmen auf dem Küchenbrett können Sie diesen Effekt kaum erzielen.

Zimmerknoblauch – wie der Name schon sagt – lässt sich prima als Topfpflanze am Zimmerfenster halten, verträgt auch einen halbschattigen Standort und duftet zum Glück erst, wenn die Blätter oder Blüten zerkleinert werden. Es gibt außer der hier beschriebenen grünblättrigen Sorte noch eine mit dekorativen, weiß-grün gestreiften Blättern. Diese wächst deutlich langsamer, ist aber ansonsten genauso zu verwenden. Diese weiß-grüne Art wird in tropischen Ländern auch gern als Bodendecker gepflanzt, sie bleibt niedriger.

Was braucht es sonst? Zimmerknoblauch ist eine pflegeleichte Pflanze, mit der auch Anfänger keine Probleme haben.

Im Gegensatz zum normalen Knoblauch ist der Zimmerknoblauch immergrün. Das heißt also, Sie können diese essbare Zimmerpflanze das ganze Jahr über ernten. Von Zeit zu Zeit ist es ratsam, die Pflanzen radikal zurückzuschneiden. Der gewünschte Effekt ist, dass es nach ein paar Tagen wieder neues, frisches und deswegen auch besonders zartes Grün gibt. Auch wenn es im Aroma keinen Unterschied gibt: Zartes Grün macht sich einfach besser. Unterm Messer, zwischen den Zähnen und am Gaumen.

Sollten Sie es allerdings nur auf die Blüte abgesehen haben, müssen Sie der Pflanze schon einen Großteil des Laubes lassen. Zimmerknoblauch haben wir in der Gärtnerei schon das ganze Jahr über in Blüte gesehen, im Winter erscheinen die langen Blütenstängel aber meist nur sporadisch.

KALBSFILET
IN SCHNITTLAUCH UND **ZIMMERKNOBLAUCH** GEROLLT MIT „POMMES TAPÉES" & BLITZ-HOLLY VOM FRANZÖSISCHEN ESTRAGON

Zutaten
Kalb

1 Mittelstück vom Kalbsfilet, schier, ca. 500 g (auch mit Schweinefilet möglich)
Je 250 ml Rotwein & Portwein
3 Lorbeerblätter
6 Wacholderbeeren
1 Knoblauchzehe, geschält
Je 1 EL Schnittlauch, Petersilie, Estragon, Kerbel, Zimmerknoblauch – alles fein geschnitten
24 Blüten vom Zimmerknoblauch
1 EL Schnittlauchblüten
Hochwertiges Olivenöl

Pommes Tapées

18 kleine Kartoffeln (6 gelbe, 6 rosafarbene und 6 blaue), in der Schale in stark gesalzenem Wasser mit Thymian und Kümmel gekocht und danach gepellt
Salz, Pfeffer und Muskatnuss
100 g braune Butter (Butter bei mittlerer Hitze so lange erhitzen, bis die Eiweißpartikel zu bräunen beginnen– so bildet sich ein nussiger Geschmack)
Butterschmalz
Walnussöl
Meersalz

Blitz-Holly

100 ml Weißwein
6 Eigelb
Salz
Zitronensaft
1 Bund französischer Estragon
120 g flüssige Butter

Zubereitung

Kartoffeln noch warm mit einem Nudelholz zwischen Pergamentpapier vorsichtig andrücken, dann die braune Butter unterheben und mit Salz, Pfeffer und Muskatnuss abschmecken. Eine rechteckige Kastenform mit Klarsichtfolie auslegen und die Kartoffelmasse fest hineindrücken, sodass sie eine Höhe von circa 2,5 Zentimeter hat. Durchkühlen lassen, mit der Folie aus der Form heben und in Portionen teilen.
Kräuter für das Filet vorzupfen, Portwein mit Rotwein und Gewürzen einmal aufkochen.
Weingemisch nochmals aufkochen, Kalbsfilet würzen und einlegen, unter dem Siedepunkt langsam gar ziehen, bis die Messung mit dem Kernthermometer 56 °C ergibt (circa 12–15 Minuten).
Pommes Tapées in Butterschmalz und Walnussöl braun braten, abtropfen und mit Meersalz und Pfeffer würzen.

Zubereitung Blitz-Holly

Eigelb und Wein in einer ausreichend großen Sauteuse (Schwenkpfanne) verrühren, salzen und beim Gasherd auf kleiner Flamme, beim Induktionsherd auf Stufe vier schaumig fest aufschlagen; am Herdrand die Butter unter Rühren langsam einlaufen lassen. Mit Zitronensaft und Salz abschmecken und unmittelbar vor dem Servieren reichlich frisch gehackten Estragon unterrühren.

Servieren

Kräuter frisch hacken und das Filet dann im Ganzen durch den Kräutermix rollen, mit Schnittlauchblüten bestreuen. In vier Stücke tranchieren und mit Meersalz gewürzt anrichten. Die Hollandaise und Pommes Tapées dazu platzieren. Zimmerknoblauchblüten über die Kartoffeln streuen.

 Die Kartoffelbeilage sieht mit den drei verschiedenen Kartoffelsorten besonders interessant aus – schmeckt aber mit nur einer Kartoffelart genauso gut.

SEDANINA

Das Teichufer wird ab sofort zur Erntezone erklärt.

Kennen Sie den Geschmack von frischen rohen Babymöhren aus dem Garten? Ich meine nicht das, was Sie tiefgefroren im Handel bekommen, sondern die rohen. Es ist ein sehr feiner, prägnanter Geschmack. Das ist das, woran ich dachte, als ich die zarten Stiele das erste Mal probierte.

Was wir ernten, sind junge Triebe mit zarten, knackigen Stängeln und hellgrüne Blätter, die laufend nachwachsen – von einer Pflanze, die gern ständig nass oder sogar im Wasser steht. Sedanina ist mit ihrem frischen Geschmack eine echte Bereicherung für die junge, leichte Küche. Die frischen grünen Stiele sind im Biss so ähnlich wie Stangensellerie, aber ohne den aufdringlichen Geschmack, der nicht jedermanns Sache ist.

Wegen ihres milden Geschmacks kann man Sedanina roh sehr gut pur als Salat essen, aber auch in der Mischung schmeckt man das unverkennbare Aroma gut heraus. Ich verwende Sedanina gern klein geschnitten in kalten Dips mit saurer Sahne. Verwenden Sie auf jeden Fall auch die zarten Blattstängel. Diese haben sogar mehr Aroma als die Blätter. Im Südwesten ist Sedanina auch in Deutschland heimisch, sie ist aber nicht weitverbreitet. Eine berühmte Stelle, wo Sedanina wild wächst, ist die Salzquelle im Sülzbachtal bei Eltville in Hessen am Rhein. Häufiger kommt das wüchsige Kraut aber an Seen und Flüssen in England und Italien vor. Auch in anderen Mittelmeerländern soll es verbreitet sein. Außer in einigen wenigen Regionen Italiens wird „Sedanina d'aqua", wie es dort korrekt heißt, bisher aber kaum verwendet.

Sie können es am Rand eines Teiches wachsen lassen oder in einem Kübel, der am besten keinen Abzug hat oder zumindest sehr feucht gehalten wird.

Lassen Sie die Blätter nie alt werden, sondern verwenden Sie immer frische junge Blätter. Ältere Blätter bekommen leicht Pilzkrankheiten, die sich als gelbe oder braune Stellen auf den Blättern zeigen. Diese sind zwar harmlos, sehen aber auf dem Teller nicht so gut aus. Die Vermehrung gelingt auch Ungeübten. Wenn Sie einmal genau hinschauen, haben die Stängel über der Erde schon kleine weiße Wurzeln an den Verzweigungsknoten. Schneiden Sie so einen Stängel mit Wurzel ab – und pflanzen ihn ein, fertig! Oder Sie teilen den Wurzelballen in mehrere Stücke. Einfacher als bei Sedanina geht Vermehrung wirklich nicht.

Sedanina ist eine unbändig wachsende Pflanze, die uns sogar im Winter noch mit frischem, aromatischem Blattgrün versorgt. Ab dem späten Frühling entwickelt die Pflanze Blütenstängel. Diese sind jedoch zu hart, als dass man sie in der Küche nutzen könnte. Schneiden Sie diese Stängel einfach zurück, und bald wächst wieder zartes Blattgrün nach.

STECKBRIEF

Botanischer Name:
Apium nodiflorum
Pflanzenfamilie:
Doldenblütler
(Apiaceae)
Herkunft:
Deutschland, Mitteleuropa
Wuchsform:
Staude
Kulturansprüche:
Uferrandzone, winterhart
Verwendete Pflanzenteile:
Stängel, Blätter
Vermehrung:
Teilung, Aussaat

TAFELSPITZ „WIENER ART"
MIT KLASSISCHEM „BOUILLONGEMÜSE", APFEL-MEERRETTICH & KLEINEM SEDANINA-SALAT

Zutaten

2 große gelbe Möhren
2 große orange Möhren
300 g Sellerie
2 Petersilienwurzeln
600 g Lauch
1 Gemüsezwiebel
1 Lorbeerblatt, 10 Pfefferkörner,
2 Nelken, Salz
800 g Rindertafelspitz
500 g Knochen (Suppenknochen)
2 mittelgroße Äpfel
1 EL Meerrettich, frisch gerieben
oder aus dem Glas
1 TL Zucker
1 TL Essig
Je 3 EL frisch gehackter
Schnittlauch, Petersilie und
Sedanina

Sedanina-Salat

8 Kopfsalatherzen
4 Radieschen in Scheiben
geschnitten
20 schöne zarte Sedanina-Zweige,
die Blättchen abgezupft;
Vinaigrette (siehe Seite 89 –
Hoja Santa)
Salz, Pfeffer, Zucker

Optionale Beilagen in Wien:
Bratkartoffeln und Rahmspinat

Zubereitung

Ein Drittel der Gemüsesorten putzen, waschen und grob zerkleinern. Mit gut anderthalb Liter Wasser, Lorbeer, Nelke und Pfefferkörnern und einem halben Teelöffel Salz aufkochen.

Fleisch und Knochen waschen und darin halb zugedeckt bei schwacher Hitze so lange köcheln, bis das Fleisch so weich ist, dass man es mit einer Gabel zerteilen kann (circa anderthalb Stunden). Dabei abschäumen.

Rest Gemüse putzen, waschen und in beliebiger Form klein schneiden. Fleisch und Knochen herausnehmen, Brühe durchsieben. Die geschnittenen rohen Gemüse jetzt zugedeckt in der Brühe knackig garen und das in Scheiben geschnittene Fleisch wieder dazugeben.

Äpfel schälen, waschen, entkernen und fein reiben. Mit dem Meerrettich verrühren. Mit Salz, Zucker und Essig abschmecken.

Servieren

Fleisch in tiefe Platten geben, Brühe abschmecken. Gemüse mit einem Teil der Brühe über das Fleisch geben. Gewaschene und gehackte Petersilie darüberstreuen.

Für den Salat Sedaninablätter, Kopfsalatherzen und Radieschen vermengen, mit Salz, Zucker und Pfeffer würzen, mit der Vinaigrette anmachen und reichen.

Apfel-Meerrettich in Schälchen abfüllen und optional mit Röstkartoffeln und Rahmspinat ergänzen.

Das klassische Gericht mit gekochtem Rindfleisch – optisch völlig altmodisch aufgepeppt mit Gemüsen in Blumenform – überrascht geschmacklich durch das hübsche, zarte Sedanina mit seinem unglaublichen Babykarottenaroma.

STECKBRIEF

Botanischer Name:
Backhousia citriodora
Pflanzenfamilie:
**Myrtengewächs
(Myrtaceae)**
Herkunft:
Südliches Australien
Wuchsform:
Baum
Kulturansprüche:
Frostfrei
Verwendete Pflanzenteile:
Reife Blätter
Vermehrung:
Stecklinge

AUSTRALISCHE ZITRONENMYRTE

„Zitroniger als Zitrone" – so wird treffenderweise das Aroma der ledrigen Blätter wohl am besten beschrieben.

Kann man Zitronenmyrte durch Zitronenschale ersetzen? Nein, nicht wirklich. Die Zusammensetzung des ätherischen Öls in den Blättern ist doch ganz anders. Gerade unter den zitronig duftenden Pflanzen gibt es eine enorme Bandbreite und nur der allererste Gedanke ist: „Das riecht echt wie Zitrone!" Bei genauerem Hinschnuppern können wir jedoch große Unterschiede wahrnehmen. Das Aroma von Zitronenmyrtenblättern jedenfalls ist wahrhaft köstlich zitronig!

Es sind vor allem die älteren, ausgereiften, dunkelgrünen und ledrigen Blätter, die das stärkste Aroma abgeben. Es reicht bereits ein ganzes oder auch nur ein halbes Blatt, um einer Soße den entscheidenden Kick zu geben. Man kann die Blätter frisch vom Strauch am Essen verwenden wie Lorbeer, also mitkochen, oder aber, das geht auch ganz ausgezeichnet, man gibt die zuvor getrockneten Blätter in eine elektrische Kaffeemühle und vermahlt sie zu einer hocharomatischen Streuwürze, wie praktisch! Rascheltrocken müssen sie allerdings sein, dann lassen sie sich auch schön fein mahlen.

Der kleine Baum oder Strauch wächst wild in den eher feuchteren Gebieten an der Südküste Australiens, wird aber seit Jahrzehnten für die heimische Gewürzindustrie in verschiedenen Landesteilen auch in größerem Maßstab angebaut. Es ist ein typisches Bushfood-Gewürz und eines der wenigen Gewürze Australiens, das internationale Bedeutung erlangt hat. In der Landesküche werden oft Geflügel und Meeresfrüchte mit den Blättern gewürzt, auch ein mit „Lemon Myrtle" aromatisierter Essig ist beliebt. Jamie Oliver hat einmal medienwirksam damit gekocht, mit der Folge, dass für kurze Zeit Zitronenmyrte in ganz London ausverkauft war. Damit das Ihnen in absehbarer Zeit nicht auch passiert, ist es schön zu wissen, dass man dieses Aromawunder auch als Topfpflanze selber ziehen kann.

Zitronenmyrte mag einen feuchten, eher leicht sauren Boden in voller Sonne und verträgt keinen Frost. Sie verträgt auch einen schattigen Platz, aber bei wenig Licht und Wärme wächst sie eben wesentlich langsamer. Den kleinen Baum können Sie auch zu einem Busch umziehen, wenn Sie regelmäßig immer wieder die Triebenden auskneifen. Andernfalls wächst die Zitronenmyrte eben wie ein Baum, der sich im Wald einen Platz an der Sonne sichern möchte: geradewegs nach oben. Sollte die Pflanze einmal zu groß geworden sein, können Sie sie mit einem Radikalrückschnitt bis in den Stamm einkürzen. Eine besondere Schönheit ist das Bäumchen wohl nicht und es wächst auch nicht besonders schnell, aber wenn man die Blätter einmal schätzen gelernt hat, läuft einem schon das Wasser im Mund zusammen, wenn man sie nur anschaut.

Wenn Sie die Zitronenmyrte vermehren wollen, wird es nicht ganz einfach. Am leichtesten geht es noch über halb reife Kopfstecklinge im Spätsommer. Diese brauchen aber vier bis sechs Wochen, bis sich die ersten Wurzeln zeigen. Nach meinen Erfahrungen ist das Saatgut, das im Handel ist, oft nicht keimfähig. Die Samen müssen ganz frisch sein, sonst keimen sie sowieso nicht.

STEAK
MIT PFEFFERMIX & **AUSTRALISCHER ZITRONENMYRTE**
DAZU BLUMENKOHL-REMOULADE & TOSKANISCHE POMMES

Zutaten

4 schöne Portionen Rinderfilet/
Rib-Eye-Steak/Rumpsteak …

Pommes

4 sehr große Kartoffeln, zum
Beispiel „Big Griller", geschält und
in dicke Stäbe (1 x 1 x 6 cm)
geschnitten, in Wasser aufbewahrt
Olivenöl zum Frittieren, Butter
Meersalz, schwarzer Pfeffer
2 EL gezupfte Blättchen von
der glatten Petersilie
1 EL gezupfte Rosmarinnadeln
½ TL fein gehackter Knoblauch

Pfeffermix

2 schöne große Blätter von der
Australischen Zitronenmyrte,
3 Tage lang getrocknet und dann
zu Pulver gemörsert
Pfeffersorten nach Verfügbarkeit,
zum Beispiel jeweils 1 EL
schwarzer Pfeffer, weißer Pfeffer,
Szechuan-Pfeffer, Langer Pfeffer
und Rosa Beeren, alles gleichmäßig
geschrotet und vermischt mit
Piment d'Espelette

Blumenkohl-Remoulade

Je 1 EL Kapern, gehackte Sardellen
und gehackte Cornichons
Zwiebelwürfel, Schnittlauchröllchen
und gehackte Petersilie
1 hart gekochtes Ei, gepellt und
durch die Kartoffelpresse gedrückt
20 kleine, knackig gekochte
Blumenkohlrosen
4 EL Mayonnaise

Zubereitung

Für die Blumenkohl-Remoulade alle Zutaten mit der Mayonnaise verrühren,
abschmecken.

Pfeffer-Piment-Mix mit dem Zitronenmyrtepulver vermischen und luftdicht ver-
schlossen aufbewahren.

Für die Pommes Kartoffelstäbe abtropfen, trocken tupfen und bei mittlerer Hitze
langsam in Olivenöl weich frittieren. Auf einem Sieb abtropfen lassen.

Steaks würzen, von beiden Seiten in Olivenöl anbraten und im Ofen bei 90 °C auf
56 °C Kerntemperatur bringen.

Pommes in heißem Olivenöl rundum braun braten, auf einem Sieb abtropfen lassen,
Butter in einer Pfanne aufschäumen lassen, Kartoffeln und gehackten Knoblauch einschwenken, ganz am Schluss Petersilienblätter und Rosmarinnadeln mitschwenken.

Servieren

Mit Meersalz und geschrotetem Pfeffer bestreut auf Teller geben, Remoulade-Töpf-
chen danebenstellen; dazu die mit Salz und mit Pfeffer-Myrte-Mix bestreuten
Steaks servieren.

"

Die Australische Zitronenmyrte hat wie die Neuseeländische Zitronenmyrte
einen durchdringend intensiv aromatischen Zitrusduft. Bei mir zu Hause sind
die Kinder im Sommer ganz verrückt nach selbst gemachter Zitronenlimo-
nade; weil sie so „geck" auf das Resultat sind, pressen sie sogar einen halben
Liter Zitronen- und Limonensaft. Ich koche einen Liter Zuckersirup aus 400
Gramm Zucker und 600 Gramm Wasser einmal auf und stelle das kalt. Einmal
durchgekühlt, gießt man den Sirup unter Rühren zum Saft und probiert immer
wieder, bis Säure und Süße im Gleichgewicht sind. Diese Basis füllen wir in
eine große Glaskaraffe, die im Kühlschrank steht. Seit ich die Zitronenmyrten
kenne und liebe, stecken in der Karaffe auch immer mehrere Zweige mit ihren
grünen Blättern – das sieht sehr erfrischend aus und gibt der Limo noch eine
zusätzliche Verstärkung.

Wir geben Eiswürfel in Gläser, reiben den Rand mit einem Limonenachtel ab
und werfen dann die Achtel mit einem Myrteblatt ins Glas. Jetzt werden zwei
Fingerbreit Limobasis eingefüllt und am Schluss mit eiskaltem, stark kohlen-
säurehaltigem Mineralwasser aufgefüllt. Mehr Sommer geht kaum? Doch: die
Erwachsenenversion davon, Limobasis angereichert mit einen schönen
Schuss Wodka und aufgefüllt mit Prosecco.

LÁ LỐT
(VIETNAMESISCHES PFEFFERBLATT)

Der harmonische, warme Geschmack der Blätter lädt zum Experimentieren ein.

Das Aroma von Lá Lốt steht für sich, ist geschmacklich mit nichts zu vergleichen und trotzdem überhaupt nicht gewöhnungsbedürftig. Von Anfang an mag man einfach diesen würzigen Geschmack.

Lá Lốt ist eine schöne, blattzierende Pflanze aus der Familie der Pfeffergewächse, also direkt verwandt mit der Pflanze, von der man den schwarzen Pfeffer erntet. Allerdings ist Lá Lốt viel leichter zu ziehen. So gut wie alles aus dieser Pflanzenfamilie liefert aromatische Pflanzenteile. „Lá" heißt Blatt, und deswegen sprechen wir auch von Lốt-Blättern.

Der Klassiker der vietnamesischen Küche, fast schon ein Nationalgericht, ist in Lốt-Blätter eingewickeltes, gewürztes Rinderhack. Dafür werden die Blätter vorher kurz blanchiert, dann lassen sie sich besser in Form bringen. Der würzige, überhaupt nicht aufdringliche Geschmack der Blätter zieht in die Füllung ein und gibt dem Ganzen ein unvergleichliches Aroma. Man kann die Blätter aber auch in Suppen und Soßen und auch als Würze für Hackfleischklöße verwenden. Es schmeckt nie aufdringlich, man kann auch als unerfahrener Koch nicht viel falsch machen.

Als tropische Pflanze können wir die Lốt-Pflanze allenfalls im Sommer nach draußen stellen, dann aber besser in den Schatten. Obwohl sie volle Sonne verträgt, würde das ungefilterte Licht bei einem plötzlichen Wechsel vom Zimmer in die direkte Sonne zu Verbrennungen führen. Als Zimmerpflanze oder im Gewächshaus ist das Vietnamesische Pfefferblatt mit seinen auffallend glänzenden, herzförmigen, dunkelgrünen Blättern ausgesprochen dekorativ. Die tropische Staude wächst buschig, wird selten über einen Meter hoch und geht dann eher in die Breite. Mit der Zeit entwickelt sie schöne hängende Ranken.

Lá Lốt kommt auch gut zurecht in einer schattigeren Ecke, nur im Winter würde ich die Pflanze auf der Südseite platzieren. Die Pflanzen sind zwar, was die Düngung angeht, recht genügsam und man kann sie durch Aushungernlassen nicht umbringen, aber damit wir erstens viele und zweitens auch schön zarte Blätter ernten können, sollten wir die Pflanze durch gelegentliches Düngen mit einem flüssigen Blattdünger in Wachstumslaune halten. Irgendwann, wenn Sie die ersten Gäste mit den in Lốt-Bättern gewickelten Röllchen überzeugt haben, wird die Frage kommen: „Woher hast du das denn?"

Dann haben Sie vermutlich schon fix und fertig weitere junge Pflanzen in Sichtweite stehen. Denn die Vermehrung geht leicht. Sobald die Pflanzen etwas älter sind, kommen unzählige Triebe direkt aus der Erde. Trennen Sie diese von der Hauptpflanze ab und pflanzen Sie sie in einen eigenen Topf. Die ersten paar Wochen halten Sie diese Ableger etwas feuchter und im Schatten, dann wachsen sie gut an.

Haben Sie von älteren Pflanzen einmal längere Zeit keine Blätter geerntet, dann schneiden Sie Lá Lốt fünf bis zehn Zentimeter über dem Boden komplett zurück. Der frische, zarte Neuaustrieb ist innerhalb weniger Wochen wieder da.

STECKBRIEF

Botanischer Name:
Piper lolot

Pflanzenfamilie:
Pfeffergewächs
(***Piperaceae***)

Herkunft:
Vietnam

Wuchsform:
Halbstrauch

Kulturansprüche:
Mindestens 15 °C

Verwendete Pflanzenteile:
Blätter

Vermehrung:
Teilung, Stecklinge

LÁ-LỐT-KRAUTWICKERL
„VIETNAM–ITALIEN–DEUTSCHLAND"

Zutaten

250 g Hackfleisch, halb & halb
1 Hähnchenbrustfilet
200 g Mortadella
50 g Parmesan
2 Knoblauchzehen
100 ml Brühe
2 Zwiebeln
10 grüne Oliven
1 EL Kapern
2 Eigelb
1 EL Mehl
Salz
Reichlich Pfeffer aus der Mühle
Frisch geriebene Muskatnuss
20 Lá Lốt-Blätter mit ca. 12 cm
Durchmesser

Zubereitung

Hähnchenbrust, Mortadella, Parmesan, Oliven, Knoblauch, Eigelbe und Mehl in einer Küchenmaschine mit dem Fleischwolf-Aufsatz sehr fein durchdrehen. Mit dem Hack und den Kapern gut vermischen. Mit Salz, Pfeffer, Muskat und etwas Kapernlake würzen.

Je drei Lá Lốt-Blätter großzügig überlappend in eine passende Schöpfkelle legen, mit Fleischfüllung belegen und einschlagen, rundherum mit Salz und Pfeffer würzen. Zwiebeln schälen und in Würfel schneiden. Zwiebelwürfel und Wickerl in wenig Olivenöl von zwei Seiten scharf anbraten, Hitze reduzieren und weiter Farbe nehmen lassen, Brühe angießen und zugedeckt bei ganz niedriger Hitze je nach Größe der Wickerl circa 10–20 Minuten schmoren lassen.

Aus dem Sud und den Zwiebeln eine Soße nach Wunsch herstellen.

"

In Vietnam ist „Rindfleisch in Lá Lốt" ein sehr populärer Snack für zwischendurch. Und natürlich schmeckt unsere vietnamesisch-deutsch-italienische Variante auch ohne Beilagen. Auf dem Foto sieht man Lá Lốts weitere „Eindeutschung" durch die klassischen Kohlrouladenbeilagen Karotten und Kartoffeln in Form von in Orangensaft gedünsteten alten Möhrensorten und Kartoffelstampf von rosa Kartoffeln mit Speck, Senf, Lauchzwiebeln und Lá-Lốt-Streifen als Einlage.

BUNTER *SALBEI*

Farbige Blätter schmecken auch – und sehen sowohl im Beet wie auf dem Teller einfach gut aus.

Gemeint sind hier die buntblättrigen Sorten des Küchensalbeis. Sie haben das gleiche würzige Aroma wie das Original, bringen aber ein belebendes Farbspiel auf den Teller.

Haben Sie auch schon beobachtet, wie einige Pflanzen im Lauf des Jahres manchmal ihre Blattfärbung ändern? Die Farbe von Blättern ist tatsächlich oft abhängig von der Jahreszeit und dem Wetter. Die schönste, intensivste Färbung – und das gilt auch für Blüten und Blätter anderer Arten – finden wir bei strahlender Sonne und kühlen Temperaturen. Klingt widersinnig, oder? Diese Konstellation haben wir aber an sonnigen Frühlingstagen. Umgekehrt verblassen alle Farbspiele bei hohen Temperaturen und/oder im Schatten. Und auch die buntblättrigen Salbeiarten leuchten am schönsten in der Frühlingssonne.

Es gibt vier Sorten Salbei mit bunt gescheckten Blättern:

- Purpursalbei: Starke Rot- bis Purpurfärbung vor allem der jungen Blätter. Nicht so winterhart wie der grüne Küchensalbei, braucht etwas Winterschutz.
- Goldsalbei: Schöne gelbe Flecken an den Blatträndern. Gut winterhart.
- Dreifarbiger Salbei: Grüne Blätter mit weißem Rand und rosafarbene junge Triebspitzen. Braucht Winterschutz aus Reisig.
- Crème de la Crème: Cremeweiße Blattränder. Gut winterhart.

Der Küchensalbei und seine Unterarten wachsen wild in vielen Ländern am Mittelmeer. Er mag einen sommertrockenen Standort im Garten. Man kann ihn auch gut im Topf halten. Manchmal sterben Salbeipflanzen in nassen Sommern. Wir haben hier eine Faustregel, die besagt: „Je heißer das Wetter, desto vorsichtiger sollte gegossen werden." Wasser brauchen die Pflanzen selbstverständlich auch in der größten Hitze. Im zeitigen Frühjahr lassen sich größere Büsche teilen oder Sie machen ab Mai bis August weiche Kopfstecklinge, die sich leicht bewurzeln lassen. Manchmal denke ich, dass die Supermarktkräuter nicht gerade dazu beitragen, das positive Bild von Kräutern zu verstärken. Nein, im Gegenteil. Menschen, die vielleicht ihren Erstkontakt mit Salbei aus dem Supermarkt haben, werden denken: „Diesen faden Geschmack kann ich mir auch schenken!" Dabei kann Salbei sehr aromatisch und kräftig schmecken, wenn er im Garten in voller Sonne wachsen durfte, nicht überdüngt wurde und nicht aus vollklimatisierten Gewächshäusern kommt. Trotzdem muss man sich an den herben Geschmack des Salbeis zuerst mit einer geringeren Dosierung herantasten, so ähnlich wie bei Rosmarin, dessen Aroma auch gewöhnungsbedürftig ist. Probieren Sie es aus!

„PASTA E FAGIOLI CON *SALVIA*"
RADIATORI MIT **SALBEI**BUTTER & PFEFFER

Zutaten

500 g *kurze* Pasta aus
Hartweizengrieß, zum Beispiel
Penne, Rigatoni, Radiatori, Fussili ...
1 EL Butter
300 g weiße Bohnenkerne, am
Vortag eingeweicht
Je 1 Spritzer Weißweinessig und
Balsamicoessig
Je 200 ml Milch und Sahne
Ca. 500 ml Brühe
1 kleines Stück Speckschwarte
2 Knoblauchzehen, geschält, eine
davon fein gehackt
1 Zwiebel, geschält und grob
geschnitten
Hochwertiges Olivenöl
10 Zweige Salbei von
verschiedenfarbigen Salbeisorten,
zum Beispiel Dreifarbiger Salbei,
Goldsalbei, Purpursalbei und
Salbei „Crème de la Crème";
alle Blätter abgezupft, die
verschiedenen Stiele zu einem
Bündel zusammengebunden
Salbeiblüten zum Bestreuen, zum
Beispiel vom Peruanischen Salbei
und Cleveland-Salbei
Salz, Pfeffer
3 EL geriebener Parmesan
2 TL grob geschroteter schwarzer
Pfeffer
12 feine, große, frische Hobel
vom Parmesan
Öl zum Frittieren
Butter zum Anschwitzen

Zubereitung

Speckschwarte in Olivenöl leicht anbraten, Zwiebeln, Knoblauchzehe und abgetropfte Bohnen zufügen, leicht salzen und pfeffern, Brühe angießen, aufkochen, das Bündel aus Salbeistielen zufügen und langsam gar köcheln. Milch und Sahne angießen, einmal aufkochen, Schwarte und Salbeibündel entfernen.

Acht Esslöffel Bohnen abnehmen, die restlichen Bohnen mit ihrem Kochsud, einem guten Schuss Olivenöl, ein paar frischen Salbeiblättern, Essig und Balsamico fein mixen und passieren. Abschmecken, eventuell mit Milch die Konsistenz ausgleichen. Dann aber nochmals abschmecken. Kalt stellen.

Von allen Salbeiblättersorten je acht Blätter kurz in nicht zu heißem Öl knusprig frittieren, auf einem Sieb abtropfen lassen und dann auf Küchenkrepp lagern.

Servieren

Pasta in kräftig gesalzenem Wasser „al dente" (bissfest) kochen und abgießen.

Die restlichen rohen Salbeiblätter in Streifen schneiden. Gehackten Knoblauch in wenig Olivenöl hellbraun rösten, Butter und geschnittenen Salbei zufügen, kurz anschwitzen, Bohnen, Bohnencreme und Pasta zufügen, durchrühren, mit Salz und Pfeffer abschmecken, Parmesan einrühren und auf 4 Teller verteilen.

Mit Parmesanhobeln und leicht gesalzenen, frittierten Salbeiblättern garnieren und mit Blüten und geschrotetem schwarzem Pfeffer bestreut servieren.

> Ein schönes Beispiel dafür, wie Spielarten des Vertrauten – bunte Salbeisorten und -blüten – ein Gericht verändern: Aus dieser leckeren, aber einfachen Pasta für „Arbeiter und Bauern" wird etwas Feines, wenn der Salbei nicht nur kaputt gehäckselt in den Nudeln verschwindet, sondern die ganzen frittierten Blätter optisch wahrnehmbar angerichtet werden. Die bunten, unterschiedlich schmeckenden Blüten geben dem uniformen Bohnen-Salbei-Parmesan-Geschmack kräftige Geschmackskicks.
>
> *Gut zu wissen*: Unter unserer Sonne entwickeln die mediterranen Kräuter wie Rosmarin, Thymian, Salbei ... viel weniger Aroma als im Mittelmeerraum. In original italienischen Pastarezepten findet man des Öfteren die Mengenangabe „ein Blatt Salbei pro Person". Das ist mit in Nordeuropa kultiviertem Salbei zu wenig. Salbei lässt sich sehr schön in Form von Kräuterbutter konservieren – weiche Butter mit grobem Meersalz, etwas gehackter Petersilie und einer Messerspitze zerdrücktem Knoblauch und reichlich frisch gehacktem Salbei vermischen und in beliebigen Formen oder Rollen kalt stellen.

STECKBRIEF

Botanischer Name:

Santolina viridis

Pflanzenfamilie:

Korbblütler
(**Asteraceae**)

Herkunft:

Spanien, Portugal

Wuchsform:

Halbstrauch

Kulturansprüche:

**Winterfest,
durchlässiger Boden**

Verwendete Pflanzenteile:

Blätter

Vermehrung:

Stecklinge

OLIVENKRAUT

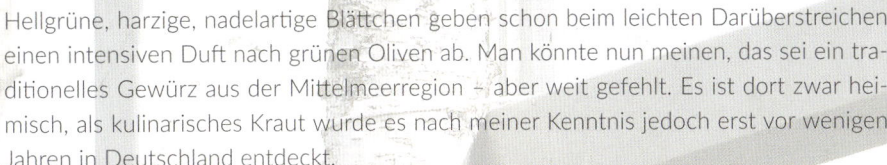

Wer den Geschmack von Oliven mag, der wird beim Olivenkraut nicht Nein sagen.

Hellgrüne, harzige, nadelartige Blättchen geben schon beim leichten Darüberstreichen einen intensiven Duft nach grünen Oliven ab. Man könnte nun meinen, das sei ein traditionelles Gewürz aus der Mittelmeerregion – aber weit gefehlt. Es ist dort zwar heimisch, als kulinarisches Kraut wurde es nach meiner Kenntnis jedoch erst vor wenigen Jahren in Deutschland entdeckt.

Verwenden Sie die würzstarken kleinen Blättchen sparsam an Pasta, Brot, Salaten oder mediterranem Gemüse. Auch Suppen, Tomatensoßen und Fleischgerichte bekommen eine kräftige Würzung. Es passt überall, wo auch grüne Oliven harmonieren würden, hat aber noch eine eigene, leicht pfeffrige Note. Manch einer schmeckt auch Spuren von Thymian heraus.

Im Garten macht sich dieser Halbstrauch aus Spanien und Portugal sehr gut zwischen Lavendel und Rosmarin, auch die Ansprüche sind ähnlich: sonniger Standort in durchlässiger, sommertrockener Erde. Im Sommer ergänzen leuchtend gelbe Blütenknöpfe ganz ideal die violetten Lavendelbüsche: Sie blühen zur selben Zeit.

Wenn wir sie blühen lassen, ist es allerdings mit der großen Ernte vorbei. Aber die Blättchen sind so würzkräftig, dass man immer nur wenige braucht. Und dieses wenige Grün findet man meist auch während der Blütezeit. Ernten Sie immer ganze Stängel von etwa zehn Zentimetern Länge. Die Pflanze verzweigt sich dadurch besser und für eine neue Ernte frischer Triebe ist damit quasi vorgesorgt.

Nach der Blüte sollten, wie beim Lavendel, die alten Blütenstängel plus circa 50 Prozent des Laubes heruntergeschnitten werden. Machen Sie das bis spätestens Ende August, dann hat der Neuaustrieb noch genug Zeit, um auszureifen. Das verbessert die Winterhärte. Da es ein Kraut aus der frostfreien Mittelmeerregion ist, kann es leider trotzdem immer einmal vorkommen, dass einzelne Pflanzen in unserem kälteren Klima abfrieren.

Ich empfehle, das Olivenkraut nicht zu trocknen, dabei verliert es zu viel von seinem frischen Aroma und die Blättchen bekommen eine ledrige Konsistenz. Ich finde beim Olivenkraut, ehrlich gesagt, das Haltbarmachen überflüssig. Denn die harzigen Blättchen können Sie im Garten das ganze Jahr über ernten. Wenn Sie dennoch einen Wintervorrat anlegen wollen, dann konservieren Sie es doch in Olivenöl. Es schmeckt dann noch intensiver.

Die Vermehrung gelingt über kurze, circa zwei Zentimeter lange, weiche Stecklinge. Diese wurzeln am besten, wenn sie sehr früh im Jahr geschnitten werden; später ist die Überlebensrate der Stecklinge leider wesentlich geringer.

LAMM MIT OLIVENKRAUT
DAZU GEFÜLLTE ZUCCHINIBLÜTE & FENCHELPÜREE, PAPRIKASAFT

Zutaten

Lamm

2 Lammkarrees mit je
7 geputzten Rippen
1 Bund Olivenkraut, die zarten
Stängel in 1 cm lange Stücke
geschnitten, die härteren
Pflanzenteile separat aufbewahrt
4 EL kandierte Oliven, siehe
Rezept Seite 132, aber nicht
gehackt
Olivenöl und Butter zum Braten

Wiener Masse

50 g feine Toastbrotbrösel
75 g Butter
1 Msp. zerdrückter Knoblauch
mit Salz
10 g geriebener Parmesan

Paprikasaft

6 große rote Paprika, geviertelt,
entstrunkt und entkernt, im
Entsafter gemixt
Salz, Pfeffer, Zucker
Weißer Balsamicoessig
Xanthan (BOS-FOOD) oder
Mondamin

Zubereitung Wiener Masse

Für die Masse Brösel in Butter leicht bräunen, vom Herd ziehen, gleichmäßig mit Knoblauch und Parmesan verrühren, leicht salzen und pfeffern. Zwischen zwei Bögen Klarsichtfolie zwei Millimeter dünn ausrollen und tieffrieren.

Zubereitung Fenchelpüree

Zwiebeln farblos in Butter anschwitzen, kräftig zuckern, ganz leicht salzen. Fenchel kurz mitschwitzen, mit Weißwein und Pernod ablöschen, abgedeckt bei kleiner Hitze weich dünsten. Sahne zufügen, einmal aufkochen. Den Fenchel herausnehmen, fein pürieren und durch ein Sieb streichen. Die Soße ebenfalls durch ein Sieb streichen. Beides zusammenfügen und mit der Dünstflüssigkeit auf Konsistenz bringen. Mit Salz, Pfeffer und Zucker abschmecken.

Zubereitung Paprikasaft

In einem Topf oder einer Pfanne den Saft auf ein Drittel reduzieren lassen, mit Salz, Pfeffer, Zucker und weißem Balsamico abschmecken, vorsichtig mit Xanthan (oder wenig angerührtem Mondamin) binden.

Zubereitung Lammkarree

Bei dem einen Karree die Fettschicht komplett entfernen, bei dem anderen anderthalb Zentimeter Fett stehen lassen.

Zubereitung Zucchiniblüten

Erst die Zwiebeln langsam in Olivenöl andünsten, nach drei Minuten Lauch und nach zwei weiteren Minuten Zucchini zufügen, mit Salz, Pfeffer und Muskat würzen, knackig dünsten und in einer Schüssel mit geriebenem Parmesan und Ei verrühren. Nachschmecken und mit einem Spritzbeutel in die geputzten Zucchiniblüten füllen. Etwas Olivenöl in eine passende Pfanne geben, die Zucchiniblüten hineinlegen, vier Esslöffel Wasser zufügen und für 20 Minuten bei 150 °C im Ofen unter Umluft garen. Bei Zimmertemperatur aufbewahren.

Fenchelpüree

2 kleine Knollen Fenchel,
gleichmäßig klein geschnitten
1 kleine Zwiebel, geschält und
ebenfalls klein geschnitten
4 EL Schlagsahne
1 TL Butter
Je 1 Spritzer Pernod und
Weißwein
Salz, Pfeffer, Zucker

Zucchiniblüte

8 Zucchiniblüten
⅓ kleine Stange Lauch,
1 geschälte Zwiebel und
1 mittelgroße Zucchini – alles
gewaschen und grob geschnitten
150 g geriebener Parmesan
2 Eigelb
Olivenöl

Servieren

Wiener Masse aus dem Tiefkühlfach nehmen, Folie entfernen und ein Rechteck heraussschneiden, mit dem sich ein Lammkarree bedecken lässt. Wieder kalt stellen. Lammfleisch würzen und von beiden Seiten in Öl anbraten, Butter und Olivenkrautstängel zufügen, im Ofen bei 100 °C auf 54 °C Kerntemperatur bringen, in der Pfanne bei Zimmertemperatur aufbewahren.

Ofen auf maximale Grillhitze schalten. Das fettlose Karree mit dem Butterrechteck belegen und überbacken, das Karree mit der Fettschicht ebenfalls im Ofen überkrusten. Danach das Fleisch zwei Minuten ruhen lassen.

Inzwischen Paprikasaft und Fenchelpüree warm rühren und mit den wiedererwärmten Zucchiniblüten auf Teller verteilen. Karrees auftranchieren, sodass jeder ein Kotelett mit Kruste und eines mit Fettschicht bekommt. Locker mit den kandierten Oliven und dem Olivenkraut bestreut servieren.

" Ein komplexes Rezept, dessen Einzelbestandteile aber so gut sind, dass sie auch einzeln nachgekocht toll funktionieren, zum Beispiel die Zucchiniblüte als vegetarisches Hauptgericht.

Und mit der „Wiener Masse" bekommen Sie eine in jedem Krisengebiet einsetzbare Allzweckwaffe an die Hand: eine dünne, leichte Knusperschicht, tiefgekühlt ewig haltbar, die auf anderen Fleischsorten, aber auch auf Fisch und Gemüsen gleichermaßen gut glänzt.

Beim Lammfleisch möchte ich Ihnen regionale Erzeuger oder zumindest europäisches Lammfleisch aus Irland, Schottland oder Frankreich ans Herz legen. Im Handel vorzufinden ist leider meist tiefgekühltes, geschmacklich ausdrucksloses, mageres Fleisch aus Neuseeland. Ich finde es ein Unding, diese Massenware um den halben Globus nach Europa zu fliegen, nur weil es billiger angeboten werden kann als die europäische Qualität von kleineren Herden.

< Seite 84

Es reichen wirklich manchmal nur so ein paar ganz wenige Blättchen, vielleicht nur für einen Bissen, um einfach ein tolles Erlebnis zu haben. Und es kommt nicht auf Mengen an, sondern es kommt darauf an, dass man das Wenige, was man da hat und erntet, und das kann manchmal nur ein Blättchen sein, dass man das auch mit diesem Gefühl macht: „Hey, das hab ich jetzt selber angebaut." So ein besonderes Kraut am Essen, das gibt diesem Genussmoment auch seine Einmaligkeit. Man weiß ganz genau: Dieses Essen esse ich jetzt einmal, und das nächste Mal gibt es das Kraut vielleicht gerade nicht oder es schmeckt wieder nicht ganz so gut, weil die Sonne bei der Ernte in einem anderen Winkel stand. Diese Einmaligkeit zu genießen und sich dessen bewusst zu werden, dass jeder Augenblick, den wir leben und genießen, einmalig ist, das finde ich etwas sehr Wichtiges, was man auch mit diesen besonderen Kräutern erleben kann.

Es gibt da ein Gericht „Eiersalat mit La Mo Long" ...

Wolfgang: ... Ja – ich glaube, für Daniel ist das interessant, dass, wenn er jetzt zum Beispiel Vietnamesische Melisse oder La Mo Long entdeckt hat, recherchiert und Kenntnisse darüber erwirbt, was in dem jeweiligen Land damit gemacht wird. Und ich, unwissend oder mit unverstelltem Blick, habe es einfach bei dem ersten Kennenlernen unter die Nase und in den Mund bekommen und habe mir sofort eine Notiz gemacht: „Oh, das kann ich mir super damit vorstellen." So sind jetzt Rezepte rausgekommen, in denen dieses La Mo Long aus Vietnam mit ganz traditionellem, fast profanem Eiersalat – bayrisch-österreichisch – kombiniert wird, aber jetzt komplett neu akzentuiert wird durch das La Mo Long.

Daniel: Ich muss dich jetzt mal leicht kritisieren dafür, was du mir eben andichten wolltest. Ich geh da eigentlich genau so vor wie du, glaube ich. Ich halte mir das Kraut unter die Nase und, das sehe ich bei dir ja auch, du hast sofort eine Fantasie – vielleicht noch schneller als ich – was du damit kochen könntest. Auch wenn ich kein Koch bin, aber im Prinzip mache ich das auch so. Ich schiel jetzt nicht danach, was wird damit in Vietnam gekocht, sondern ich schaue gleich, was kann ich mit dem, was ich schon kenne, mit diesem exotischen Kraut kombinieren? Und das geht bei ganz vielen, eigentlich bei allen Kräutern. Ich finde, es wird oft viel zu strikt gesehen, wenn man zum Beispiel Korianderblätter hat und meint, dass man damit nur etwas Asiatisches kochen kann. <

DESSERTS

HOLUNDER „BLACK BEAUTY"

Ernten Sie rosa Blüten und saftige Früchte von dieser besonders attraktiven Sorte.

Ich hatte früher meinen Komposthaufen – und ich meine hier wirklich Haufen, nicht einer von diesen neumodischen Kompostkästen – genau unter einem Holunderbusch stehen. Direkt auf der schon so schön krümeligen dunklen Erde, die ganz von selbst da entsteht, wo dieser Strauch einige Jahre gewachsen ist. Der jährliche Rückschnitt ist außerdem noch ein ausgezeichneter Kompostaktivator. Ich glaube, es ist der beste Platz, den man einem Komposthaufen geben kann.

Und guter Kompost ist die Grundlage für leckeres Gemüse und Obst aus dem eigenen Garten, wobei wir wieder beim Thema „Lecker" wären. Während der Duft der im Juli erscheinenden rosa Blüten (oder bei der normalen Sorte cremeweißen) aus der Nähe beschnuppert für mich schon zu viel des Guten ist, sind ein paar der Blütendolden, am Vormittag (bevor es richtig warm wird) geerntet und dann für zwei Tage in süßes Zitronenwasser gelegt, ein wunderbares Getränk mit einem zart parfümierten Duft. So erfrischend in der Sommerhitze!

„Black Beauty" ist eine Sorte mit sehr dunklem, manchmal fast schwarzem Laub und besonders schönen rosa Blüten, die ihre Farbe auch an entsprechende Zubereitungen abgeben. Die Ernte fällt meist nicht so üppig aus, verglichen mit den grünen Sorten. Und ob Sie nun diese oder eine andere Sorte von *„Sambucus nigra"* verwenden – was das Aroma anbetrifft, sollten sie alle geeignet sein.

Holunder ist in Deutschland heimisch und er ist sehr genügsam. Er wächst auch noch im Halbschatten und braucht keine besondere Erde oder Pflege. Gelegentlich kann man den Strauch um die Hälfte zurückschneiden, das nimmt er einem gar nicht übel. Ältere Exemplare, sagen wir so ab zehn Jahren, tendieren dazu, nicht mehr richtig zu wachsen. Sobald Sie das feststellen, rate ich Ihnen, eine neue Pflanze zu besorgen und diese an eine ganz andere Stelle zu pflanzen.

Ach ja, fast hätte ich die fast schwarz-lila Beeren vergessen. In Muffins und Pfannkuchen schmecken sie ausgezeichnet. Verwenden Sie Holunderbeeren immer gut gegart und gekocht, niemals roh! Fliederbeersaft (ein anderer Name für Holunderbeersaft) ist auch eine sehr gute schweißtreibende Medizin bei Erkältungskrankheiten. Ich persönlich kann die Früchte leider nicht mehr ohne Magengrummeln genießen, da ich mir einmal zu viel davon einverleibt habe. Falls Sie ähnliche Erfahrung gemacht haben, empfehle ich als Ersatz Aroniabeeren, die schmecken auch superlecker, vor allem an Pfannkuchen.

STECKBRIEF

Botanischer Name:
Sambucus nigra
„Black Beauty"
Pflanzenfamilie:
Moschuskrautgewächs
(*Adoxaceae*)
Herkunft:
Europa
Wuchsform:
Strauch
Kulturansprüche:
Winterfest
Verwendete Pflanzenteile:
Früchte, Blüten
Vermehrung:
Stecklinge
(geschützte Sorte)

SÜSSE HOLUNDER-APFEL-SCHNITTE
NACH PAUL IVIC

Zutaten

Holundersirup/-gelee

Sirup – 8 Tage vor Gebrauch
zubereiten – ergibt 5 l
60 voll aufgeblühte, nicht verregnete
Holunderblüten „Black Beauty"
3 kg Zucker aufgekocht mit 2 l
Wasser, danach wieder temperiert
auf Zimmertemperatur
50 g Zitronensäure, 3 Zitronen
(in kochendem Wasser blanchiert,
trocken gerieben und halbiert)
6 Blatt Gelatine

Olivenölkuchen

120 g Mehl
110 g Zucker
40 g Eigelb
25 g Zitronensaft
Zesten von einer ½ Biozitrone
Mark von ⅓ Vanilleschote
160 g Olivenöl
100 g gekühltes Eiweiß
2 g Salz
60 g Zucker
Fett und Semmelbrösel für die Form

Äpfel

4 kleine, säuerliche Äpfel, geschält,
mit dem Kernausstecher entkernt
und in 12 Spalten geschnitten
60 g Butter
80 g Zucker
1 Spritzer Calvados
Saft von 1 großen Zitrone
Mark von 2 Vanilleschoten
1 Prise Zimt

Vanillesoße und kandierte Oliven

8 EL Vanillesoße
50 g schwarze Oliven ohne Kern,
1 EL brauner Zucker

Zubereitung kandierte Oliven

Oliven in dem Zucker wälzen und bei 90 °C auf einer Silikonbackmatte (Silpat) circa drei Stunden trocknen lassen. Auskühlen lassen und fein hacken.

Zubereitung Kuchen

Mehl sieben. In einer Rührschüssel Zucker, Eigelb, Zitronensaft, Zesten und Vanillemark cremig schlagen. Mehl langsam unterrühren. Olivenöl in feinem Strahl hinzugeben. In einer sauberen Metallschüssel Eiweiß halb aufschlagen, Salz und Zucker hinzugeben, zu cremigem Schnee schlagen. Mit einem Spachtel den Schnee in drei Durchgängen unter die Eigelb-Mehl-Masse heben. Eine Springform (20 cm Durchmesser) einfetten, mit Bröseln ausstreuen. Masse einfüllen, im Ofen backen. Der Kuchen ist fertig, wenn die Kerntemperatur 95–98 °C beträgt.

Zubereitung Holundersirup/-gelee

Sirup mit Zitronensäure verrühren. Holunderblüten komplett von ihren Stielen abstreifen, mit den Zitronenhälften unter den Sirup rühren. Abgedeckt sieben Tage gekühlt lagern, dann durch ein feines Sieb passieren. Gelatine in kaltem Wasser einweichen und ausgedrückt erwärmtem Wasser oder Prosecco auflösen.
Einen halben Liter von dem dicken Sirup abmessen und darin die aufgelöste Gelatine verrühren. Wenn möglich: Die Schüssel mit dem gelierenden Sirup auf Eiswürfel stellen und so lange rühren, bis das Gelee anzieht. Jetzt die abgekühlten Apfelspalten unterrühren und das Ganze auf den Kuchen streichen. Zwei Stunden durchkühlen lassen. In Stücke schneiden, mit Vanillesoße und kandierten Oliven servieren.

)) Es ist eine schöne Tradition: Wenn im Frühjahr die Holunderblüte einsetzt, schwärmen unsere Köche – und seit ein paar Jahren auch mein Sohn Piet – aus und pflücken säckeweise Blüten, die dann nach obigem Rezept eines Kollegen aus Südtirol zubereitet werden. Sie werden schon über die „drei Kilogramm Zucker mit zwei Liter Wasser" gestolpert sein – aber der Sirup mit seinem hohen Zitronenanteil ist so lecker und frisch, der geht schon weg, wahrscheinlich für hausgemachte „Hugos", versetzt mit etwas zusätzlichem Limonensaft und aufgefüllt mit Prosecco … Paul Ivic ist der berühmte Chefkoch des sensationellen vegetarischen Wiener Restaurants „Tian", das trotz Verzicht auf Fisch und Fleisch mit einem Michelin-Stern ausgezeichnet wurde. Der Olivenöl-Kuchenboden sowie die superleckeren Avocado-French-Toasts (siehe Seite 55) hat Paul Ivic entwickelt. Ich hoffe, er verzeiht mir meinen Diebstahl.

STECKBRIEF

Botanischer Name:
Oxalis triangularis ssp. triangularis
Pflanzenfamilie:
Sauerkleegewächs (Oxalidaceae)
Herkunft:
Brasilien
Wuchsform:
Staude
Kulturansprüche:
Nahezu frostfrei
Verwendete Pflanzenteile:
Blätter, Blüten, Rhizome
Vermehrung:
Teilung, Rhizome

BRASILIANISCHER SAUERKLEE

Alles an diesem Sauerklee ist erfrischend sauer: Stängel, Blüten, Blätter und sogar die Rhizome.

Hier wird ausnahmsweise einmal eine Zierpflanze zur Nutzpflanze. Meist ist der Weg ja umgekehrt.

Gleich dreifachen Nutzen bietet diese Kräuterschönheit. Die purpurfarbenen Blätter, ganz klar, sind superdekorativ, färben Tees, Soßen, Suppen. Dann die hübschen Blüten, zartrosa und zart im Geschmack, erfrischend säuerlich und eine essbare Zierde nicht nur am Tellerrand. Und drittens die schönen rosa Wurzelknollen, die mit der Zeit immer länger werden und gedünstet eine seltene Delikatesse sind. Selten vermutlich auch, falls Sie Ihren Spaß an der Vermehrung entdeckt haben. Dabei teilt man nämlich diese langen Wurzelknollen in kleine Stücke und legt sie zwei bis drei Zentimeter tief unter die Erde. Nach wenigen Wochen ist der Neuaustrieb da.

Sauerklee ist botanisch eine eigene Gattung (*Oxalis*) und hat außer der Blattform nichts mit Wiesenklee (*Trifolium pratense*) gemein. Im Frühjahr findet man in deutschen Wäldern sehr verbreitet einen nahen Verwandten, den Waldsauerklee (*Oxalis acetosella*), dessen saure Blätter schon im Mittelalter als Ersatz für die damals extrem teuren Zitrusfrüchte eingesetzt wurden.

Kräutertees mit Goldmelissenblüten oder Rotem Basilikum leuchten mit diesem Sauerklee farblich unerwartet auf und die Säure hebt alle aromatischen Kräuter auf ein geschmackvolleres Niveau. Kinder lieben die zarten Blüten mit dem frisch sauren Geschmack und naschen gern direkt von der Pflanze.

Als robuste Pflanze kann man die Staude in den Garten setzen; im Herbst dann nach dem ersten Frost ausgraben, die Blätter abschneiden und in einen Topf pflanzen. Sie treibt nach kurzer Zeit aus den vitalen Rhizomen wieder aus und sorgt den ganzen Winter über für eine Bereicherung Ihrer kulinarischen Fantasien.

Wir haben sogar Berichte erhalten, dass der Brasilianische Sauerklee an einem geschützten Standort im Garten durch den Winter gekommen ist, wobei er sein Laub verliert und im Frühjahr neu austreibt. Als Zimmerpflanze gehalten ist er aber das ganze Jahr über belaubt.

Düngermangel ist bei solch intensiv farbigen Pflanzen gar nicht so leicht zu erkennen: Abgesehen davon, dass die Pflanzen ohne Futter nicht so richtig wachsen wollen, werden Sie feststellen, dass die lila Farbe der Blätter nur ein bisschen blasser wird und die Blätter weniger glänzen. Dann wird es höchste Zeit, mit einem schnell wirksamen Flüssigdünger nachzudüngen. Verwenden Sie einen handelsüblichen Grünpflanzendünger oder einen biologischen Flüssigdünger. Kräuterdünger? Können Sie von mir aus auch verwenden. Sind da Kräuter drin? Wohl eher nicht.

MO'S CHEESECAKE
MIT HIMBEER-OLIVENÖL-SORBET, GEBACKENER KUVERTÜRE & BRASILIANISCHEM SAUERKLEE

Zutaten für 10 Personen
Sorbet

900 g Himbeeren, frisch oder
tiefgekühlt
Zucker nach Geschmack
200 ml fruchtiges, hochwertiges
Olivenöl
Optional: flüssiger Stickstoff
Brasilianischer Sauerklee – Blüten

Käsekuchen

250 g Butterkekse
100 g brauner Zucker
1 TL Pades Gewürzmischung
„Kuchen und Gebäck"
160 g Butter
2 Vanilleschoten
300 g Zucker
200 g Philadelphia „Klassischer
Genuss"
700 g Quark Vollfettstufe
250 g Schmand
250 ml Sahne
Saft und fein geriebene Schale von
je 1 Orange und Zitrone
2 EL Mehl
Brasilianischer Sauerklee – Blätter

Gebackene Kuvertüre

200 g weiße Kuvertüre

Zubereitung Sorbet

Die Himbeeren pürieren und nach Geschmack mit etwas Zucker abschmecken. Durch ein Sieb streichen und mit dem Olivenöl verrühren. Wenn kein flüssiger Stickstoff vorhanden ist: Fruchtmasse in der Eismaschine oder in der Sorbetière oder unter Rühren im Tiefkühlfach gefrieren.
Wenn Stickstoff vorhanden: in die Himbeermasse flüssigen Stickstoff einrühren und dieses dadurch zu Sorbet gefrieren.

Zubereitung Käsekuchen

Für den Boden Butterkekse im Thermomix oder in einer anderen Küchenmaschine mit braunem Zucker, Kuchengewürz und Butter zu einem Teig mixen. Dann auf ein mit Backpapier belegtes Blech streichen. Kalt stellen.
Für die Käsemasse die Vanilleschoten mit 300 Gramm Zucker im Thermomix fein mixen, dann mit den restlichen Zutaten zu einer glatten Masse verrühren. Die Käsemasse auf die durchgekühlte Keksbodenschicht streichen und dann zunächst zehn Minuten bei 200 °C backen, danach für circa 40 Minuten bei 160 °C weiterbacken. Auskühlen lassen und in die gewünschte Größe schneiden.

Zubereitung gebackene Kuvertüre

Die Kuvertüre gleichmäßig hacken und auf einer Silikon-Backmatte (Silpat) oder auf Backpapier im Ofen bei 130 °C hellbraun backen (15–25 Minuten), dann noch circa zwei Stunden bei 90 °C weiter trocknen.

Servieren

Den Käsekuchen auf Teller verteilen, daneben einige Stücke von gebackener weißer Schokolade streuen. Obenauf eine Nocke Sorbet setzen. Den Kuchen mit Sauerklee-Blättern, das Eis mit den feinen Blüten garnieren.

> Als Daniel mir zum ersten Mal den Brasilianischen Sauerklee gezeigt hat, traute ich meinen Augen kaum – so hübsch die Form und die von Rot bis Dunkellila changierenden Farben der Blätter und dazwischen die zarten Blüten. Als das Pflänzchen dann geschmacklich mit seiner erfrischenden Säure auch noch überraschte, war es um mich geschehen – „Must-have", zu Hause im Beet.
> Übrigens: Ein besseres Rezept für Käsekuchen als das von meinem früheren Auszubildenden und späteren Küchenchef Moritz „Mo" Crone-Rawe kennt keiner von uns.

STEVIA

Kinder sind geradezu vernarrt in den süßen Geschmack der Blätter.

Früher dachte ich, dass Süßstoffe nur künstlich hergestellt werden und ein Produkt der wissenschaftlichen Forschung sind. Doch vor vielen Jahren, als ich das erste Mal von einer Steviapflanze ein frisches Blatt probiert hatte, war ich fasziniert von dem, was sich da an Süßwirkung auf meiner Zunge entfaltete. Das war süßer als süß – und natürlich außerdem!

Haben Sie schon einmal bemerkt, wo genau man den süßen Geschmack wahrnimmt? Während sich bei allem Zuckerhaltigen diese Wahrnehmung hauptsächlich auf den oberen Gaumen lokalisiert, ist der Schwerpunkt der Steviasüße im Schlund. Wieder eine interessante sinnliche Erfahrung gemacht. Süße kann also ganz unterschiedlich wahrgenommen werden.

Die Steviapflanze kommt ursprünglich aus Paraguay und wird dort seit Jahrhunderten besonders als Süßungsmittel für Mate-Tee eingesetzt. Heutzutage wird sie in subtropischen Gegenden auf der ganzen Welt angebaut.

Lange Zeit gab es Kontroversen in der EU darüber, ob man Stevia erlauben solle oder nicht. Weil bisher noch nicht eindeutig bewiesen ist, dass Stevia bei der Aufnahme größerer Mengen gesundheitlich unbedenklich ist, ist die Steviapflanze als Lebensmittel nicht zugelassen. Pflanzenteile, also getrocknete oder gemahlene Blätter, dürfen daher immer noch nicht als Nahrungsmittel gehandelt werden. Extrakte aus der Steviapflanze jedoch schon. Eigenartige Welt, in der eine Pflanze verboten wird, aber ein Extrakt nicht, oder? In vielen anderen Ländern, wie zum Beispiel in Japan, ist Stevia dagegen schon lange erlaubt.

Sie können jeden Kräutertee, auch schwarzen und grünen Tee, mit den frischen oder getrockneten Blättern kalorienarm süßen. Wichtig dabei: mit kochendem Wasser aufgießen und dann mindestens 10, besser 15 Minuten ziehen lassen. Erst dann ist die Süße im Teewasser angekommen. Steviablätter lassen sich trocknen, vermahlen und behalten trotzdem ihre Süße. Sie sind sogar koch- und backfest.

Zum kalorienarmen Süßen für den Hausgebrauch ist es praktisch, ein Konzentrat herzustellen, das sich im Kühlschrank gut hält. Sie haben dann ein zuckerfreies, natürliches Süßstoffkonzentrat, das immer schnell eingesetzt werden kann. Dafür füllen Sie einen Topf bis fast an den oberen Rand mit frischem oder getrocknetem Kraut. Dann geben Sie so viel Wasser hinzu, bis alle Blätter mit Wasser bedeckt sind; 30 Minuten köcheln lassen, zum Schluss durchseihen. Mit diesem Konzentrat können Sie auch alle möglichen Süßspeisen verfeinern. Mit den ganzen oder gehackten Blättern hätten Sie hier nur punktuelle Geschmacks-erfahrungen.

Als Topfpflanze oder nach den Eisheiligen in den Garten ausgepflanzt ist Stevia den Sommer über problemlos zu halten. Sie braucht einen durchlässigen Boden, denn Staunässe verträgt sie nicht, und viel Wärme und Sonne. Im Sommer ist sie auch leicht mit weichen Stecklingen zu vermehren, die aber unbedingt gespannte Luft (hohe Luftfeuchtigkeit) brauchen, die man leicht in einem Minigewächshaus erzeugen kann.

Schwieriger ist die Kultur dann im Winter. Am warmen Zimmerfenster schaffen die Pflanzen es oft nicht, durch die lichtarme Zeit zu kommen. Aber einen Versuch ist es auf jeden Fall wert. Auch eine kalte Überwinterung im Keller oder in der Garage kann bei kräftigen Pflanzen funktionieren, dabei verliert die Pflanze alle Blätter, wie es bei einer Staude üblich ist. Im späten Frühjahr erfolgt der Neuaustrieb direkt aus dem Boden. Oder Sie besorgen sich jedes Jahr neue Pflanzen. Sogar im Baumarktsortiment ist sie zu finden.

STECKBRIEF

Botanischer Name:
Stevia rebaudiana
Pflanzenfamilie:
Korbblütler
(*Asteraceae*)
Herkunft:
Paraguay
Wuchsform:
Staude
Kulturansprüche:
Frostfrei
Verwendete Pflanzenteile:
Blätter
Vermehrung:
Stecklinge, Aussaat

ZITRONENEIS
GEWÜRZT & GESPICKT MIT **STEVIA** & SÜSSEN BLÜTEN, DAZU GEKOCHTER ERDBEERSAFT

Zutaten

500 g Erdbeeren oder Himbeeren
250 g Zucker
Eventuell Zitronensaft
Xanthan (BOS-FOOD)
160 g frisches Zitroneneis
von der Eisdiele
8 ganz kleine Stevia-Blätter
Süße bunte Blüten nach
Marktlage/Erntemöglichkeit,
zum Beispiel Toronjil,
Borretsch ...

Zubereitung

Erdbeeren putzen, halbieren. Einen Topf halb mit Wasser füllen, in dem eine passende Schüssel gut aufschwimmt. In dieses „Wasserbad" Früchte und Zucker geben, eine Stunde lang köcheln lassen. Erdbeeren in ein Sieb geben und ohne Druck den Saft ablaufen lassen. Mit etwas Xanthan binden und eventuell mit etwas Zitronensaft säuern.

Servieren

Vom Zitroneneis schöne Nocken ausstechen und mit den zur Verfügung stehenden süßen Blüten und Steviablättern schmücken. Saft angießen und servieren.

Die Zuckerindustrie verhindert erfolgreich, dass Stevia sich durchsetzt, gehandelt werden naturidentische Stevioside mit unterschiedlichen Bitterstufen im Nachgeschmack. An dieser Zusammenstellung kann das kleine Blättchen mal zeigen, welch enorme, reine Süßkraft es besitzt, wenn es nämlich das Zitronensorbet, auf dem es thront, zuckert. Auch die ausgewählten süßenden Blüten und der reine Erdbeersirup kämpfen gegen die Zitronensäure, bringen sie ins Gleichgewicht. Optisch mit den kleinen Blüten herzerweichend und geschmacklich sehr harmonisch.

YAUHTLI

Schon die Azteken verwendeten diese Würztagetes zum Würzen ihrer Kakaogetränke.

Eine Tagetes, die man essen kann? Yauhtli ist eines der aromatischsten Kräuter, die ich kenne. Das Aroma ist komplex mit einer deutlichen Waldmeisternote; dazu kommt noch ein starkes Anisaroma, das perfekt harmoniert.

Wolfgang hat für unseren letzten gemeinsamen Kräuterkochkurs das süße Yauhtli-Gelee erfunden. Für mich eine Offenbarung. Wie grüner Wackelpudding hoch fünf! Jahrelang hatte ich mir gewünscht, endlich mal ein richtig kräftiges Waldmeister-aroma zu genießen. Jetzt wurde mein Wunsch zu hundert Prozent erfüllt. Das war Götterspeise im wahrsten Sinn des Wortes. Wolfgang war echt baff, dass man viel weniger Kraut benötigt, um einen Waldmeistergeschmack ins Essen zu zaubern als mit dem Original. Wie beim Waldmeister intensiviert sich auch hier das Aroma beim Anwelken. Dafür reicht es, das geschnittene Kraut im Ganzen ein bis drei Stunden im Schatten liegen zu lassen. Auch für einen aromatischen Kräutertee sollte man das Kraut leicht anwelken lassen.

Man kann Yauhtli auch trocknen, doch wenn es ganz trocken ist, hat es lange nicht mehr diese enorme Aromapower.

Es wird heute in Mexiko auch gern zum Würzen von Suppen und Soßen genommen. In den Südstaaten der USA gilt Yauhtli unter dem Namen „Winter-Estragon" als guter Ersatz für den dort schwer kultivierbaren Echten Estragon.

Es gibt im Handel mehrere Herkünfte mit unterschiedlichem Aroma, und wenn Sie Yauhtli aus Samen ziehen, dann hat jeder Sämling einen anderen Duft. Ich finde das spannend und habe den leckersten Yauhtli-Sämling herausgeschnuppert, den ich jetzt schon seit Jahrzehnten nur noch per Steckling weitervermehre.

Erst im Spätsommer erscheinen die schönen Blüten – wie bei vielen Wildpflanzen nicht so üppig wie bei den als blühende Rabattenpflanzen bekannten Verwandten. Diese Tagetes verzweigt sich kaum von selbst. Sie braucht deshalb immer mal wieder einen Rückschnitt. Faustregel: Lassen Sie etwa 50 Prozent der Grünmasse stehen. Im Ergebnis wird sie buschiger nachwachsen.

Die Überwinterung gelingt als Topfpflanze am besten an einem kalten, fast frostfreien Ort, zum Beispiel im Keller oder in der Garage, wenn man nicht Besitzer eines Gewächshauses ist. Ein Neuaustrieb erfolgt im Frühjahr aus dem Wurzelstock. Oder Sie überwintern warm bei 15–20 °C bei viel Licht. Dann bleibt sie grün und macht ihrem texanischen Namen Winter-Estragon alle Ehre.

Am Ende des Winters braucht die Pflanze dann aber auf jeden Fall noch mal einen tiefen Rückschnitt auf circa zehn Zentimeter Länge über dem Boden. Der Neuaustrieb wird viel kräftiger sein, denn im April hat die Sonne schon wieder viel mehr Kraft.

STECKBRIEF

Botanischer Name:
Tagetes lucida
Pflanzenfamilie:
**Korbblütler
(Asteraceae)**
Herkunft:
Mexiko
Wuchsform:
Staude, Halbstrauch
Kulturansprüche:
Frostfrei
Verwendete Pflanzenteile:
Blätter
Vermehrung:
Stecklinge, Aussaat

PFIRSICH IM YAUHTLI-GELEE
MIT TONKABOHNEN-EISCREME

Zutaten
Eis

500 g hochwertiges Vanilleeis,
1 Tonkabohne, 1 Spritzer
Cointreau, 1 Spritzer Weinbrand,
5 EL Sahne

Pfirsich

6 reife Pfirsiche (in Wasser kurz
blanchiert, geschält, halbiert,
entkernt und in Stücke
geschnitten)

Kochsud

300 ml Orangensaft, 300 ml
Weißwein, Vanilleschote,
Anisstern, Zucker, 1 Prise Zimt

Yauhtli-Gelee

2 Hände voll leicht angewelkte
Yauhtli-Blätter, 500 ml kaltes
Wasser oder Pfirsichkochsud,
6 Blatt Gelatine, in kaltem Wasser
eingeweicht; Zucker und
Zitronensaft nach Geschmack

Garnitur

Blätter und Spitzen von je
8 Stängeln Peruanischem Sauerklee
8 EL Vanillesoße,
8 EL Himbeermark
Eventuell Hippen oder Waffeln

Zubereitung Eis

Für das Eis die Hälfte vom Vanilleeis leicht antauen lassen, Sahne aufkochen und mit einer Muskatreibe ein Viertel Tonkabohne hineinreiben; zusammen mit den Alkoholika unter das Vanilleeis ziehen. Wenn der Geschmack zu schwach ist, vorsichtig noch etwas Tonka dazureiben. Ins Tiefkühlfach stellen.

Zubereitung Pfirsich

Zutaten für den Kochsud miteinander aufkochen, Pfirsichstücke einlegen, nochmals aufkochen und garen – je nach Reifegrad der Pfirsiche drei bis acht Minuten. Pfirsichstücke in einem Sieb abtropfen lassen. Ein Viertel der Stücke mit drei Esslöffel Kochsud mit dem Stabmixer pürieren, mit der Hälfte der verbliebenen Pfirsichstücke vermischen und kalt stellen.

Zubereitung Yauhtli-Gelee

Die Yauhtli-Blätter mit einem halben Liter vom Pfirsichkochsud kalt aufsetzen, aufkochen und drei Minuten ziehen lassen, mit Zucker und Zitrone rund abschmecken. Sechs Esslöffel davon nochmals erwärmen und die ausgedrückte Gelatine darin auflösen. Mit dem restlichen Sud verrühren und kalt rühren (am besten auf Eiswürfeln), bis die Flüssigkeit zu gelieren beginnt. Jetzt mit den übrigen Pfirsichen vermischen, in beliebige Förmchen füllen und zwei Stunden durchkühlen lassen.

Servieren

Gelee aus den Formen stürzen und auf Teller setzen. Je eine Nocke Tonkaeis daransetzen. Geeistes Pfirsichragout mit anrichten und Peruanische Sauerkleeblätter dekorativ anlegen. Optional mit Hippen, Waffeln und/oder Himbeermark garnieren.

Am Genuss von zu vielen geriebenen Muskatnüssen, gemahlenem Pfeffer oder Tonka kann man sterben bei unverdünnter, extremer Überdosierung. Wegen ihres Wirkstoffes Cumarin sind die harten Kerne der Tonkafrucht in den USA verboten und in Deutschland nicht als Lebensmittel zugelassen. Sie darf aber als Würzmittel legal eingesetzt werden und ist daher in Apotheken (oder bei BOS-FOOD) erhältlich. Vom Duft her erinnert die Tonkafrucht an Waldmeister (der ebenfalls Cumarin enthält), von der Würzkraft ist sie mit der Vanille vergleichbar und daher auch überall in der süßen Küche einsetzbar – Tonka harmoniert mit jeder Frucht und würzt jedes Gebäck. Von jeher gilt es als starkes Aphrodisiakum und in Südamerika werden ihm magische Kräfte zugesprochen.

STECKBRIEF

Botanischer Name:
Tagetes filifolia

Pflanzenfamilie:
Korbblütler
(Asteraceae)

Herkunft:
Mittel- und Südamerika

Wuchsform:
Halbstrauch

Kulturansprüche:
Frostfrei, einjährig

Verwendete Pflanzenteile:
Blätter

Vermehrung:
Stecklinge, Aussaat

LAKRITZ-TAGETES

In Joghurt und Fruchtsalaten sorgt sie, wenn man sie nicht zu klein schneidet, bei manchem Bissen für schöne geschmackliche Aha-Erlebnisse.

Die einen hassen ihn, die anderen lieben ihn. Den Geschmack nach Anis. Hier scheiden sich die Geister. Während viele Genussmenschen für Anis- oder Fenchelgeschmack ins Schwärmen geraten, ist anderen eindeutig und unmissverständlich ihre Ablehnung anzumerken. Wohl kaum ein populärer Geschmack wird derart unterschiedlich quer durch alle Bevölkerungsschichten wahrgenommen wie dieser süße, intensive Anisgeschmack.

Und den haben wir hier auch, nur steckt er hier in den Blättern. Vermutlich ist es die leichte Süßempfindung, die mit diesem Aroma einhergeht, weshalb gerade Kinder so gern an den Blättern knabbern. Denn dieses Aroma ist wirklich lecker! Selbst Wolfgang, eigentlich bekennender Anishasser, konnte ich mit dieser Pflanze „bekehren" (siehe nächste Seite).

Natürlich passt die Lakritz-Tagetes erst einmal an alle möglichen Arten von süßen Speisen. Ich verwende das feine Laub aber auch gern an Salaten, in Kräuterquark oder zu gedünstetem Fisch. Es lässt sich bestimmt noch manch anderes Herzhaftes mit dieser Tagetes geschmacklich „umgestalten".

Die kleinen Zweige geben, mit kochendem Wasser aufgebrüht, einen leckeren Tee. Dieser lässt sich auch gut mit anderen Kräutertees aus Minze oder Zitronenverbene kombinieren. Alles gut und schön. Aber dann hatten wir letztes Jahr nur ein paar wenige Stängel mit etwas Zucker in eine Flasche Wodka gesteckt und ein paar Wochen stehen lassen. Und dann war es ein richtig intensiver Anislikör geworden, der sehr vielseitig in der Küche einsetzbar ist. Unglaublich, was in diesem kleinen Kraut an Aroma steckt!

Die Heimat der Lakritz-Tagetes ist Mittel- und Südamerika und erstreckt sich bis nach Argentinien. Hier wird das Kraut als aromatischer Tee und bei verstimmtem Magen eingesetzt.

Im Garten kann eine gleich im Mai nach den Eisheiligen ausgepflanzte Lakritz-Tagetes am Ende des Sommers eine Fläche von einem Quadratmeter bedecken. Ob das in Ihrem Garten auch so sein wird? Das hängt wohl auch von der Ernteintensität ab. Sie wächst zwar aufrecht, geht aber, wenn genügend Platz vorhanden ist, zunehmend in die Breite. Den ganzen Sommer über wachsen nur Blätter. Erst im Herbst zeigen sich winzige, sehr unscheinbare Blütchen, von denen man, gute Witterung im Herbst vorausgesetzt, auch Samen für eine Nachzucht ernten kann. Das Blühen überlassen Sie also lieber den anderen Tagetes-Arten in Ihrem Garten. Wie andere Tagetesarten schützt die Lakritz-Tagetes ihre Nachbarpflanzen gegen Bodennematoden und kann daher gut in Mischkultur mit Tomaten oder Kartoffeln gepflanzt werden.

Unserer Erfahrung nach ist es nicht ganz leicht, sie über den Winter zu bringen, wir helfen ihr dabei, indem wir sie im Gewächshaus bei 20 °C und Zusatzbelichtung mit Stecklingen weitervermehren. Ansonsten heißt es besser: Überwinterung in Form von Likör, eingefroren oder als Würze für süße Brotaufstriche und im Frühjahr neue Pflanzen besorgen oder aussäen.

VANILLEEIS MIT ERDBEEREN
& LAKRITZ-ZABAIONE

Zutaten

240 g hochwertiges Vanilleeis
1,2 kg vollreife Erdbeeren, geputzt
und geviertelt, davon 400 g mit
Zucker und Zitronensaft gemixt,
passiert und kalt gestellt
½ Flasche Wodka
5 Zweige Lakritz-Tagetes

Zabaione

7 Eigelb
4 EL Zucker
100 ml Lakritz-Wodka
25 ml Weißwein oder Wasser
4 Lakritz-Tagetes-Zweige zur
Garnitur

Zubereitung

Die Tageteszweige etwas andrücken oder grob zerkleinern und in die halb volle Wodkaflasche stecken, fest verschließen und mindestens 24 Stunden durchziehen lassen.

Vor dem Essen die Eigelbe mit dem Zucker im heißen Wasserbad schaumig schlagen (Vorsicht, die Masse darf auf keinen Fall bis zum Siedepunkt erhitzt werden, sie muss aber cremig fest werden). Während des Schlagens den Wodka (ohne Zweige) und Wein oder Wasser langsam zugeben.

Servieren

Erdbeeren mit dem Erdbeermark anmachen, auf Teller verteilen, je eine schöne Nocke Eis dazusetzen, Zabaione angießen und mit Tageteszweigen garniert servieren.

" Erdbeeren mit Vanilleeis? In einem modernen Kochbuch? Wer braucht denn so was? Lakritz-Tagetes braucht das! Diese klassische Geschmackskombination, die jedem schmeckt, bekommt durch die in der Zabaione schön eingebundene Lakritznote eine neue Ergänzung und Dimension.

Und es war eine schwierige Geburt: Der durchdringende und klare Lakritzduft und -geschmack des Pflänzchens verblüffen zunächst einmal jeden „Erstschnupperer". Damit zu kochen war für mich als bekennenden Lakritzablehner ... nun ja, sagen wir mal ... komplizierter. Was ich alles mit dem armen Kraut angestellt habe, möchte ich dem geneigten Leser lieber vorenthalten, gemeinsam hatten die Versuche, dass mir gar nix geschmeckt hat – ich wollte Lakritz-Tagetes schon rausnehmen. Aber dann kam Daniels Aufschrei: „Och nöööööö! Das ist soo beliebt, auch bei Kindern, bitte, bitte, mach was draus!" Also noch ein Rendezvous mit dem Pflänzchen, basierend diesmal auf einem Experiment, das Daniels Gärtner gemacht hatten: einfach in Wodka stopfen und stehen lassen (die lustigen Gärtner nennen das Endprodukt dann *Lakritzlikör* – eine schamlose Verharmlosung, denn das „Likörchen" hat ja immer noch amtliche 40 Volumen Prozent). Und siehe da, schon nach fünf Minuten schnuppert man nicht mehr an Alkohol, sondern an einer Tüte Lakritze.

Auf jeden Fall schmeckt sogar mir diese Zabaione sehr, denn durch das warme Aufschlagen verfliegt einerseits der Alkohol und das Lakritzaroma wird als angenehme Würznote integriert.

STECKBRIEF

Botanischer Name:
Agastache mexicana
Pflanzenfamilie:
**Lippenblütler
(Lamiaceae)**
Herkunft:
Mexiko
Wuchsform:
Blütenstaude
Kulturansprüche:
Winterhart mit Schutz
Verwendete Pflanzenteile:
Blüten, Blätter
Vermehrung:
Stecklinge, Aussaat

TORONJIL MORADO

... heißt diese Blütenschönheit aus Mexiko. Dort wird sie wie Zitronenmelisse verwendet.

Spannend: Aus Samen gezogene Pflanzen haben alle ein unterschiedliches Aroma. Die einen mehr nach Anis, die anderen mehr nach Minze und einige nach Zitrone oder einer wilden Mischung verschiedenster Aromen. Doch die zitronige Variante ist immer noch die beste. Nach vielen Geruchsproben habe ich vor vielen Jahren die Pflanze ausgewählt, die das leckerste karamellisierte Zitronenaroma abgibt. Diese wird jetzt jedes Jahr in meiner Gärtnerei aus Stecklingen weitervermehrt.

Und nicht nur die weichen Blätter, sondern auch die schönen, bis vier Zentimeter langen, magentaroten Röhrenblüten haben das fantastische Aroma in sich. Sie wachsen an langen, bis anderthalb Meter hohen Stielen. Zur Ernte zupft man sie einzeln aus den Kelchen heraus.

Mit den langen Röhrenblüten haben allerdings selbst unsere Hummeln ihre Schwierigkeiten, an den Nektar zu kommen. Eigentlich ist dieser ja für Kolibris bestimmt. Doch Hummeln sind offenbar lernfähig. Nachdem sie die ersten Tage erfolglos die Blüten anflogen, hatten sie scheinbar den Trick raus: Sie stachen ein Loch oberhalb des Kelches in die Blüte, und so konnten sie dann doch an den süßen Nektar gelangen.

Toronjil Morado wächst schnell, blüht ab Juni unermüdlich und man kann dann bis zu den ersten Frösten immer wieder leuchtende Blüten und zarte Blätter ernten.

Gut finde ich Toronjil Morado auch als Ersatz für Zitronenmelisse. Die Blätter sind vom Aroma her ein vollwertiger Ersatz, mit dem kleinen, aber wesentlichen Unterschied, dass sie bei guter Kultur auch immer zart sind und sich daher nicht nur für einen Teeaufguss, sondern, im Rohzustand, für jegliche Experimente in der Küche eignen. Sei es Fisch, Salate, Kräuterfrischkäse oder Süßspeisen. Wer Zitronenmelissenblätter schon einmal probiert hat am Essen, weiß, wir rau und zäh die sein können.

Aber das Highlight sind eindeutig die Blüten. Zart, groß und mit feinstem Zitronenaroma. Das sind mal essbare Blüten, die noch nach was schmecken!

Ich verwende sie gern, um einen Salatteller am Rand zu dekorieren oder Ananas und Fruchtsalate optisch zu würzen.

Im Garten möchte diese Staude eine gute Gartenerde, und wie alles, was schnell wächst, ist sie dankbar für gelegentliches Nachdüngen. Das Düngen hält auch die Blätter schön zart. Die Pflanze eignet sich hervorragend für eine gemischte Pflanzung in Balkonkästen oder als Kübelpflanze.

Ich habe in meinem Garten schon Pflanzen bei −18 °C überwintert, doch die Überwinterung gelingt draußen nicht immer zuverlässig. Die Winterhärte ist im Kübel naturgemäß weniger gegeben, deshalb sollten getopfte Toronjil Morado besser an einem kühlen, aber frostfreien Platz im Haus überwintert werden.

Vermehrt werden kann diese spezielle Auslese nur durch Stecklinge oder Teilung. Aber vielleicht wollen Sie ja selbst eine Auslese machen – dann können Sie sich an der Anzucht durch Aussaat versuchen.

GELATO CREMA
MIT EINGELEGTER ANANAS

Zutaten

Eis

300 g hochwertiges Vanilleeis
80 ml Sahne
Mark von einer Vanilleschote
Schale von ½ Biozitrone, mit
dem Sparschäler nur das Gelbe
abgeschabt

Ananas

½ vollreife Ananas, geschält,
geviertelt und den Strunk
herausgeschnitten
1 Msp. Safranfäden
5 cl brauner Rum
Eventuell Zucker
1 TL Mondamin
24 Toronjil-Morado-Blüten

Zubereitung Eis

Für das Eis die Sahne mit Zitronenschale, dem Vanillemark und der leeren Schote aufkochen und 20 Minuten ziehen lassen. Schote und Schale entnehmen und die aromatisierte Sahne unter das leicht angetaute Vanilleeis rühren, tieffrieren.

Zubereitung Ananas

Die Hälfte der Frucht mixen und passieren. Die andere Hälfte der Frucht beliebig schneiden, mit dem Rum, den Safranfäden, dem Ananassaft und eventuell etwas Zucker vermengen und zwölf Stunden marinieren. Dann zusammen aufkochen und mit Rum angerührtem Mondamin leicht binden. Kalt stellen.

Servieren

Mit einem heißen Löffel schöne Eisnocken ausstechen, mit Toronjil-Blüten spicken. Eingelegte Ananas dazusetzen.

»

Das Gelato Crema habe ich in Ligurien kennengelernt, es ist die erfrischende Verbindung von Vanillegeschmack und der kräftigen Zitrusnote der Zitronenschale und passt zu allen Fruchtzubereitungen.
In diesem Buch gibt es mehrere Rezepte, bei denen gekaufte Eiscreme so verändert oder aufgepeppt wird, dass kein Mensch diese Basis noch herausschmecken würde. Auf diese Art und Weise hat man auch in der privaten Küche die Möglichkeit, spannende, individuelle Eissorten herzustellen, auch wenn keine Eismaschine vorhanden sein sollte.

AUSTRALISCHES ZITRONENBLATT

Mit diesem Aromawunder betreten Sie, kulinarisch gesehen, absolutes Neuland.

Oftmals sind es die ersten Augenblicke, die mich verzaubern, wenn ich einem fremden Duft begegne. So auch hier. Nur ein winziges Stückchen Blatt unter der Nase – und es folgt eine Aromaexplosion! Herrlich zitronig, aber viel komplexer, mit schönen fruchtigen und minzigen Obertönen.

Mit einer derart geballten Aromaladung muss man vorsichtig umgehen, die fleischigen Blätter sollten nur sparsam verwendet werden. Sie können sie dort einsetzen, wo Zitronenschale oder Zitronenmelisse gewünscht wird. Besonders lecker sind hier die jüngsten Blätter.

Dieses Aromawunder kommt aus dem tropischen Norden Australiens und hat bisher offenbar nur das Interesse von Botanikern erlangt. Wir haben hier, kulinarisch gesehen, absolutes Neuland vor uns. Es gibt keine Tradition für dieses Würzkraut. Bei diesem schillernden Aroma fiel es mir nicht sonderlich schwer, zu erforschen, wie man die großen, substanzreichen Blätter wohl verwenden könnte. Ich probierte es auf Granatapfelkernen, an Joghurt, als Eistee zubereitet und in Waffelteig. Die strahlende zitronige Note des Zitronenblatts passte immer.

Als tropische Pflanze sollten Sie auf jeden Fall keinen Frost dranlassen. Am besten im Topf als Zimmerpflanze halten, dann haben Sie das ganze Jahr über immer frische Blätter zur Hand. Als fleischblättriges Gewächs verträgt sie auch mal vorübergehende Trockenheit. Ein toller Nebeneffekt ist, dass die Pflanze Obstfliegen wirksam vertreibt. Dabei reicht es aus, einige Blätter in die Obstschale zu legen. Oder wenn die Mücken mal wieder anfangen zu nerven: Reiben Sie Arme und Beine mit ein paar Blättern ab – die kleinen Plagegeister nehmen Reißaus!

Das Australische Zitronenblatt ist zudem sehr wüchsig. Zurzeit haben wir in der Gärtnerei eine erst ein Jahr alte Pflanze in einem großen Topf, die schon eine Höhe von 2,50 Metern erreicht hat und die wir von Anfang an nicht beschnitten haben. Bisher hat sie nicht geblüht, und ich möchte endlich sehen, wie sie denn blüht. Vermutlich in drei Metern Höhe im Winter. Falls Sie eher die samtigen, sukkulenten Blätter ernten und noch dazu eine schöne kompakte Pflanze wollen, empfehle ich den regelmäßigen Rückschnitt. Zumindest die Triebspitzen sollten Sie öfter herausschneiden. Die Pflanze verzweigt sich dann sehr gut und wird dadurch schön buschig. Ich denke, es ist eine gute Idee, die Höhe auf etwa 40–50 Zentimeter zu begrenzen.

Die Blätter trocknen? Das funktioniert nicht. Nicht, dass das Aroma entweichen würde, nein, die Blätter wollen einfach nicht vollständig eintrocknen. Aber wenn Sie sie als Zimmerpflanze halten, haben Sie ja die potenzielle Ernte das ganze Jahr über vor der Nase.

STECKBRIEF

Botanischer Name:

Plectranthus species „Mount Carbine"

Pflanzenfamilie:

Lippenblütler (_Lamiaceae_)

Herkunft:

Tropisches Australien

Wuchsform:

Strauch

Kulturansprüche:

Mindestens 15 °C

Verwendete Pflanzenteile:

Blätter

Vermehrung:

Stecklinge

VANILLEVERSTECK
MIT FRÜCHTEN & **AUSTRALISCHEM ZITRONENBLATT**

Zutaten

Schaum

350 ml Milch

150 ml Sahne

3 Vanilleschoten

1 Prise Salz

Zucker nach Geschmack

1 ISI Sahnesyphon & 1 Patrone

Blutorangen

200 ml Blutorangensaft

20 Blutorangenfilets, abgetropft

¼ Vanilleschote

30 g Zucker

1 Sternanis

Mondamin

Kokosgelee

10 g Batida de Coco

40 g Kokosmilch

50 g Kokosmark

10 g Zucker

½ Blatt Gelatine, in kaltem Wasser eingeweicht

Passionsfruchtgelee

350 ml Passionsfruchtmark oder –saft, gesüßt nach Geschmack

2,5 Blatt Gelatine, in kaltem Wasser eingeweicht

Früchte der Jahreszeit

Zum Beispiel Passionsfrüchte, Granatapfelkerne, Clementinen, Ananaswürfel, in Butter, Zucker, Orangensaft und Rum karamellisiert

Mango, geschält und gewürfelt

Fruchtsorbet

Zubereitung Schaum

Vanilleschoten halbieren, auskratzen. Mark, Schoten und Milch zusammen aufkochen und 15 Minuten ziehen lassen. Mit Salz und Zucker abschmecken. Sahne zufügen, durch ein Sieb passieren und in den ISI-Spender füllen. Eine Patrone aufdrehen und zwei Stunden kalt stellen.

Zubereitung Blutorangen

Zucker mit zwei Esslöffel Wasser aufkochen, karamellisieren und mit Blutorangensaft ablöschen, Vanille und Sternanis zugeben, auf 100 Milliliter einkochen lassen. Mit angerührtem Mondamin binden, abpassieren, nachschmecken, eventuell mit Grenadine und Rote-Bete-Granulat nachfärben. Über die Orangenfilets geben, kalt stellen.

Zubereitung Kokosgelee

Alle Zutaten bis auf die Gelatine miteinander aufkochen, zehn Minuten ziehen lassen und darin die ausgedrückte Gelatine auflösen. In beliebigen Formen kalt stellen und später stürzen.

Zubereitung Passionsfruchtgelee

Etwas Mark erwärmen, darin die ausgedrückte Gelatine auflösen. In beliebigen Formen kalt stellen und später stürzen.

Servieren

ISI-Spender bei Zimmertemperatur lagern. Teller kalt stellen. Gelees, Passionsfrucht- und Granatapfelkerne, Mangomark und -würfel, Ananas, Blutorangenkompott und Clementinen eng aneinander flach auf Teller legen. Pro Teller zwei Blättchen Zitronenblatt an beliebigen Stellen anlegen. Den ISI-Spender kräftig schütteln und die Früchte mit dem Schaum bedecken.

" Bei diesem Dessert – das rein optisch „understatement pur" darstellt – überraschen der reine, intensive Zitronengeschmack sowie die verschieden zubereiteten Früchte mit unterschiedlicher Süße, Säure, Temperatur und Konsistenz in ihrem „Versteck" unter der verbindenden Vanilleschicht – dabei muss gar nicht so ein Riesenaufwand getrieben werden wie im obigen Rezept … Ein leichtes Dessert mit vielen Variationsmöglichkeiten, das ganze Jahr über mach- und abwandelbar – möglich wären im Winter auch Zubereitungen mit Quitte, Apfel, Birne, Backpflaume, im Sommer mit Beeren und Pfirsichen.

REGISTER

REGISTER

ADRESSEN

Rühlemann's Kräuter & Duftpflanzen
Auf dem Berg 2
27367 Horstedt
Telefon 0 42 88/92 85 58
info@kraeuter-und-duftpflanzen.de
www.kraeuter-und-duftpflanzen.de

Pades Restaurant
Grüne Straße 15
27283 Verden (Aller)
Telefon 0 42 31/30 60
kontakt@pades.de
www.pades.de

Spezielle Produkte erhalten Sie bei:
BOS FOOD GmbH
Telefon 0 21 32/13 90
service@bosfood.de
www.bosfood.de

GOURMANTIS
Michael Vetter
Telefon 0 64 34/9 09 67 36
geniessen@gourmantis.de
www.gourmantis.de

Geschirr und Accessoires wurden uns
freundlicherweise zur Verfügung gestellt von:
WOHNWERKSTATT-VERDEN
Herrlichkeit 1
27283 Verden
Telefon 0 42 31/9 56 75 44
www.wohnwerkstatt-verden.de